OHSAMA BUNKO

あなたの知らない「霊」の世界

シークエンスはやとも

三笠書房

はじめに――〝見えすぎ芸人〟が教える「ふしぎな世界」とのかかわり方

みなさん、こんにちは。お笑い芸人のシークエンスはやともです。

いつもは所属している吉本興業の劇場でネタをやっています。最近は、都市伝説系のユーチューバーさんたちとコラボしたり、怪談話などをしたりしています。

すでにご存じの方もいらっしゃるかと思いますが、僕には少しふしぎな能力があります。それは**「霊が見える」**ことです。

「霊が見える」というと、きまって、

「怖くないですか？」

「霊ってどんな風《ふう》に見えるんですか？」

と聞かれます。

たしかに、いつもテレビやラジオに出演するときは、芸能人の〝**生き霊チェック**〟をするだけで、具体的に何をどのように見ているか、説明する機会はあまりありません。

そこで本書では、僕が実際に経験したことをもとに、あなたのまわりにいる様々な霊と上手につきあう方法についてお伝えしていこうと思います。

ひとくちに「霊」といっても、この世には**死霊**《しりょう》と**生**《い》**き霊**《りょう》があり、この二つはまったく別モノです。

「死霊」は、一般的な言葉でいうと幽霊や亡霊のこと。**死んだ人間が肉体のない別の姿になって現われるもの**を意味します。

多くのみなさんが連想する、ホラー映画やお化け屋敷に登場する幽霊は、こちらのほうですね。ただ、そこまで〝おぞましい姿〟をしているものはいません。

実際の幽霊は普通に肌色で、パッと見た感じは、生きている私たちとあまり見分けがつかないです（くわしくは1章でご説明します）。

一方で、「生き霊」とは、**生きている人が誰かに対する強い気持ちを飛ばしてしまう「念」のようなもの。**

この「念」が、相手の霊体に貼りついているかどうかを見るのが、僕がやっている〝生き霊チェック〟です（霊体というのは、体の真ん中にある球状の形のもので、よく「魂」と言われたりしています）。

この世では、これら二種類の霊が、それぞれに違った思いを持って、あなたのまわりに存在しています。なかには悪い霊だけでなく、味方になってくれる「いい霊」もいます。ですから、すべてを「怖い」というひと言だけで遠ざけてしまうのは、ある意味もったいないことです。

それに、死霊も生き霊も、ひとつだけはっきりと言えることがあります。どちらも、**もとは人間の心から生まれたもの**だということ。

つまり、これから「霊」についてお話ししていくことも、結局は、「対人間」の話をしていることと変わりはないのです。

「霊」について考えることで、あなたが自分の人生を見直すきっかけとなり、毎日が少しでも楽しくなってもらえたら、これほどうれしいことはありません。

シークエンスはやとも

もくじ

1章 霊とは、そもそも何なのか？
……「見えない世界」の真実とは

2章

死霊につかれる人　つかれない人

……常に「心の隙間」を狙われている！

3章

「生き霊」が味方する人　敵になる人

……誰とどうつきあうかで、人生の展開が変わる

4章

あなたの「運気」を守るコツ

……「悪い霊」を祓い、「幸運」を引き寄せるには

本文イラストレーション◎石山綾子

1章

霊とは、そもそも何なのか？

……「見えない世界」の真実とは

霊には「死霊」と「生き霊」がある

みなさんは「霊」と聞くと、どんなものを想像しますか？

ホラー映画やお化け屋敷で目にする血まみれの幽霊や、青白い幽霊などでしょうか？　それとも、絵本に出てくる可愛らしい感じのものでしょうか？

これから「霊」のことについてお話しする前に、僕が見ている霊がどんな様子をしているのか、具体的に説明していこうと思います。


「はじめに」でも少し触れましたが、霊には大きく分けて**「死霊」**と**「生き霊」**の二つがあります。

死霊は、わかりやすくいうと幽霊や亡霊のことです。死んでしまった人間が肉体のない姿となって、目の前に現われることを意味します。

亡くなった直後の幽霊は、亡くなったときの姿のままでそこに現われます。でも、自分が死んだことをすぐには理解できずに、死体に重なるように寝ている幽霊がほとんどです。

お葬式の頃になると自分が死んだことを理解して、遺族や参列者の様子をじっと見守っていますが、それも火葬まで。体という「よりどころ」がなくなった幽霊は、過去の思い出の場所をさまようようになります。

なぜなら、彼らは**死んだ瞬間に時間が止まって、その先の時間軸は生きられないから**です。

そのせいか面白いことに、ほとんどの幽霊は自分がいちばん幸せで楽しかった頃の姿で現われます。

たとえば、クラブでイケイケで踊っていた頃が人生で最高に楽しかった人は、それらしき年格好で現われます。

一方で、若い頃は苦労したけど、晩年は家族や友人に囲まれて幸せだったという人は、年老いた姿で現われるのです。

ただ幽霊は、鏡やガラスには映らないので、自分がどういう姿なのかを見ることはできないし、客観的に認識することもできません。

だからでしょうか。自分の姿形をだんだん忘れていくのだと思いますが、**自分で確認することがいちばん難しい顔から消えていく**のです。

順番としては、最初に顔が煙のように薄くなって消えたあと、体もボワーンと薄くなっていって、最後に残った手足が消えていきます。「幽霊には足がない」とよく言われますが、少なくとも僕に見えている幽霊は手足が最後に残るので、その通説は間違いだと思っています。

逆に、「幽霊の手が見えた」「幽霊が足でバタバタ歩いている」という話も聞きますが、それは手足だけの幽霊じゃなく、幽霊が消える直前、最後に残った手足のこと。けっして手足を切断された人が化けて出てきているわけではありません。

「手とか足だけの幽霊ってヤバそう」と思う人もいるかもしれませんが、どんな幽霊も最後は手足だけになるので、全然怖がらなくて大丈夫です。

「死んでいる人」と「生きている人」の決定的な違いとは？

そもそも、みなさんがイメージする、ホラー映画やお化け屋敷に出てくるような首を吊った姿の幽霊や、血まみれだったり、真っ青だったりするようなゾッとする**「いかにも」な霊は存在していません**。

実際の幽霊は普通に肌色で、ぱっと見た感じは、生きている人とあまり見分けがつかないのです。

ただ、唯一の違いといえば、光を遮《さえぎ》らないので**〝影がない〟**ことです。

といっても、幽霊が一人だけ目の前にいたら、影がないのはすぐにわかるのですが、集団でいるとわけがわからなくなります。

僕が体験した話なのですが、ハロウィンの夜にこんなことがありました。

渋谷で先輩たちと飲んでいると、外がすごい人混みになってきたので、落ち着いてから帰ろうということになったのです。

僕がいちばん後輩だったので、数十分おきに外を確認しにいくのですが、まったく人が減らないのです。明け方になって、しびれを切らした先輩が外を見にいくと――**「全然、人いないやん！」**と。

なんと**僕に見えていたのは、幽霊の大群（!!）**だったのです。

誰かへの「強すぎる気持ち」は相手の心に貼りつく

もうひとつの**「生き霊」**とはどういう姿をしているのでしょうか？
実は、死霊とはまったく見え方が異なります。
生き霊とは**〝誰かへの強すぎる気持ち〟**が**「念」となって相手についたもの**をいいます。その「念」が、相手の霊体に貼りついているかどうかを見るのが、僕がよくテレビ番組でやっている〝生き霊チェック〟です。

霊体というのは、「体の真ん中にある球状の形のもの」で、色はその人の感情によって、黒かったり白かったり、グラデーションだったりします。

僕がSNSに投稿している「生き霊チェックシート」は、わかりやすいようにカラフルな色分けをしていますが、実際は白と黒でしか見えません。

人に対するマイナス感情が強い人は霊体が黒くなり、逆にプラス思考でポジティブな人は白くなります。

他人からネガティブな「念」を飛ばされて、それが自分の霊体に黒くベッタリ貼りつくと、体の具合が悪くなったり、仕事がうまくいかなくなったりと、悪いことが起きることがあります。

逆に、好意的な白い「念」をたくさん飛ばされている人は、仕事で成功したり、女性にモテたりします。

こういう話をすると、「私には、どんな人がついてるの?」と聞かれるのですが、残念ながら**生き霊の顔は識別できません**。生き霊は、死んでいる幽霊のように、姿形ははっきり見えないのです。

ただ、顔はわからなくても、生き霊の数はもちろん、その生き霊の性別の区別や、ネガティブかポジティブかの見分けはつきます。ですから、タレントさんが実際にどれくらい人に好かれているのか、「モテ度ランキング」をつけることもできるのです。

「マイナス感情」には要注意！

死霊と生き霊の存在を知ると、よく聞かれることがあります。
「死んでいる人の霊と、生きている人の霊は、どちらが怖いでしょうか？」

この質問について、ひとつはっきりしているのは、**二つとも、もとは人間だ**ということです。結局、幽霊は人だから、怖いのは人間なのです。つまり、幽霊を怖がるのは、人間を怖がっているのと同じことなのです。

ではなぜ、人間が怖いのでしょうか？　それはきっと哺乳類《ほにゅうるい》の中で恨《うら》みを抱えたまま死んでいくことがあるのは人間だけだから。

「あいつだけは一生許さない」

「あいつだけは死んでも呪《のろ》い続けてやる」

と思いながら死んでいく生き物は、おそらく人間だけでしょう。


もちろん、そうでない人もいっぱいいます。

でも僕は、恨みや妬《ねた》みの感情を持つ人間というのは、哺乳類史上、最低最悪の生き物だと思っています。

匿名《とくめい》で投稿できるＳＮＳや掲示板を見ていると、それがよくわかります。

顔や名前がバレなくて、自分のテリトリーさえ侵《おか》されなければ、すぐに人のことを攻撃する人間がなんと多いことか。しかもタチが悪いことに、人を傷つけている自覚のない人がほとんどです。

それどころか、自分がいちばん正しいから何を言っても許されると思っている人もいます。

僕がここまで言い切れるのは、霊視で人の心の状態をたくさん見てきたからです。つまり、**死んでいる人よりも生きている人の霊体、そして生き霊のほうが、よっぽど怖い**のです。

人に対してマイナス感情を持っている自覚があるならまだいいのです。「私の言葉で相手を傷つけてしまったかもしれない」と気づく人ならいいのですが、残念ながら現実は、そんな意識さえない人のほうが圧倒的に多いように思います。

そういう生き霊の「念」は、マイナスエネルギーが強いので、飛ばされると悪影響を受けやすくなります。

死霊が生きている人にできる「たったひとつのこと」

一方、死霊はどうかというと、宿るべき肉体や精神がないので、生き霊とは比べものにならないほどエネルギーが弱いのです。

ふつうの幽霊は死んだ瞬間から時間が止まっているので、生きている人に何かをすることができません。つまり、**死んだ人たちの霊は生きている人に対して何**

もできないので、そんなに恐れる必要はないのです。

僕がいつも、「幽霊なんて生きている人間より弱っちいんだからへっちゃら」と言っている理由はコレなんですね。

ただ、ひとつだけ、幽霊にできることがあります。それは、**生きている人を死に誘うこと**です。

そもそも人間はいつか必ず死ぬことが決まっているので、先に亡くなった人たちは、生きている人を自分たちのほうへ引き寄せることができるのですね。

特に、仲のよかった恋人や家族の霊が、いつも自分のそばにいて見守っていると霊感がある人に言われたら、死に近づくことになるのでお祓《はら》いしたほうがいいでしょう。

以前、彼氏が亡くなった女の子から、自分や家族が大病を患《わずら》って不幸なことが続いているという相談を受けたことがありました。

霊視のために写真を送ってもらっても、なぜか**真っ黒になって何も見えない**ので「これはかなりマズイ」と感じて、本人に会ったのです。

その女の子を見た瞬間、亡くなった彼氏の幽霊が彼女のことを思うあまり、あの世へ連れていこうとしているのがわかりました。そこでその子に、毎日やると必ず効果がある厄除《やくよ》けの仕方をアドバイスしました。

すると三カ月後、その子が僕のライブを見に来てくれて、自分も家族も病気が治ったことを報告してくれたのでホッとしました。

突然、部屋から飛び出した幼なじみが向かった先には……

子どもの頃はもっと怖い経験もしました。

一緒に海に遊びにいった幼なじみの子が、泊まっていた民宿で寝ていると、突然、**「新しい友だちができた！」**と言い出して、「来てくれたんだ！」と言うなり外に飛び出してしまったのです。

僕がすぐにあとを追いかけると、その子が海に入ろうとしたので、慌《あわ》てて抱え込んで止めました。

しかし、「友だちがあそこで待ってる！」と、幼なじみが指をさしながら、何が何でも海に入ろうとするので、その子が指さす方向を見たら――。

海の上で手招きしている女の子の幽霊がいたのです。

僕は気づかないフリをして、幼なじみをなんとか海から引き上げましたが、翌朝、その子のお父さんがいなくなっていて、海から遺体で発見されました。

あのときのことを思い出すと、今でも背筋がゾッとします。

幽霊は直接、怖がらせるわけではないのですが、このように人を死に引き寄せるものもいるので気をつけてください。4章で厄除け法も説明しますので、「なんか最近おかしいな」と思うことがあったら、ぜひ参考にしてみてくださいね。

幽霊の定説——「夜に現われる」「鏡に映る」は本当か?

「幽霊は夜に現われるもの」と思っている人、いますよね?

映画や怪談ドラマを見ていても、幽霊やお化けが出てくるのは夜で、昼間の明るい時間に堂々と出てくるシーンは見たことがありません。

でも実際、僕が見ている世界の中では、幽霊が夜だけ出てくることはありません。**昼間でも普通に、幽霊たちはその辺をウロウロしています**。

実際、僕が芸人になって半年経った頃の話ですが、こんな出来事がありました。

僕が所属している吉本興業の、社員さんや芸人さんの顔と名前をまだ覚えきれずにいた頃、どの人が死んでいるのか、生きているのかさえもよくわかっていない状態でした。

でも、自分がいちばん下っ端だったので、仕事があるときはとにかく会う人会う人に、「お疲れさまでした！　ありがとうございました！」と挨拶《あいさつ》しまくっていたのです。

そしたら、まわりの人たちに、「アイツ、誰もいないところに挨拶して頭おかしいぞ。気持ち悪い奴や」と思われてしまいまして……。

そのくらいいたるところに幽霊は存在しているのです。

ちなみに、「このままだとさすがにマズい」と思った僕は、伊達《だて》メガネを買ってきて、**「メガネをかけているときは幽霊が見える。かけていないときは見えない」**と、スイッチを切り替える訓練をはじめました。

そのおかげで、いつも幽霊が見えていることはなくなり、今は意識的に「見る」「見ない」を切り替えることができるようになっています。

僕の場合は、ちょっと特殊ですが、それでも一般的に夜のほうが見えやすいと言われているのは、生きている人間がその姿に気づくのが夜のほうが多いからだと思います。

人間は基本的に昼間に活動する生き物ですから、僕がそうだったように、昼間に人混みの中を幽霊が歩いていても、生きている人と簡単には区別がつきません。幽霊は血みどろではないですし、白装束を着ているわけでもありません。むしろいちばん充実していた頃の年格好で、普通の人間と同じ姿をしているからです。

それが夜になるとどう見えるのでしょうか？

まず、人間をはじめとする生き物は、基本的に暗いところは怖いと感じます。それが自分の身を危険から守るための、動物としての本能なのです。

ですから、特に人気の少ない暗い通りを歩いているときは、昼間よりもまわりの気配を敏感に察します。そこに、普通とは違った様子で歩いている影の薄い人がいたら、「変な人を見た」と思いますよね。

明るい時間に活動しているときはわからなかった**「違和感」に気づきやすくなるのが夜**なのです。

幽霊にしてみれば、「やっと気がついてくれた」という感じだと思いますけどね。

「霊と脳波」の関係

また、基本的に、**幽霊は鏡には映りません**。

ホラー映画には、鏡に霊が映っている場面がよく出てきますが、あえてそういう手法を使って恐怖心をあおる演出が、洋画邦画問わず大流行した時期がありました。

なぜ鏡が便利かというと、恐ろしい姿をした霊と、それを見て恐怖に震える人の表情を同時に映すことができるから。その恐怖表現の手法が広がって、「幽霊は鏡に映るもの」という刷り込みになったのだと思います。

暗い場所で鏡を見ること自体を、怖がる人もいるのではないでしょうか。

でも、霊が鏡に映り込むのは物理的に不可能です。ただ、鏡の中からこちらを覗《のぞ》いているように、人に思い込ませることはできるのですね。

これは説明がちょっと難しいのですが、霊というのは**「脳波の残りカス」**みたいなもので、電子機器に影響を及ぼすことがあります。

人間にも電気が流れていて、人間最大の電子機器はどこかといえば脳ミソなんです。この脳ミソは電気信号を二十四時間出しまくっています。

そのため、無意識のうちに脳に刷り込まれた「鏡の中の幽霊」の映像を、私たちが意識すると、微弱な脳波が鏡の前にいる幽霊に対して反応して、まるで本当に鏡に幽霊が映っているかのように錯覚することはあるようです。

恐怖体験をした人の話にも、鏡に霊が映っているように見えたとか、鏡から誰かが出てきたように感じたというケースは少なくありません。

ただし、鏡の中に何かがいると感じて、連日連夜、恐怖体験が続いて具合が悪くなるような霊障《れいしょう》（霊による障害）が起きたら、それは自分自身が怨霊《おんりょう》（死後に落ち着くところのない霊魂）につかれている可能性が高いでしょう。

霊が見える能力は「遺伝」する

突然ですが、霊感（霊が見えたり、反応したりする感覚）は遺伝するのでしょうか？

結論からいうと、**霊感は遺伝します**。

僕の家系は、沖縄出身の父方の祖母、そして親父、僕と霊が見えます。生前の祖母は、その中でもいちばんハッキリと見えていた人でした。

亡くなった親父も祖母よりは弱まりますが、わりと強い霊感を持っていました。

それに比べると、三代目の僕の霊感は、だいぶ弱まっているように感じます。

僕の親父の霊能力が目覚めたのは二十二歳のとき。おふくろと結婚して一緒に住む部屋に引っ越した初日の夜のことです。

夜中、外の廊下《ろうか》から「ガチャッ」という音が聞こえてきて目が覚めると、女の人が**「彼の部屋じゃない……」**と言いながら、ドアをガチャガチャ開けようとする音が近づいてくる……。ついに、親父たちの部屋のドアが「ガチャッ」と開けられると――玄関に、一人の女の人が立っていたそうです！

とはいえ、親父は知らない人だったので、「出ていってもらえませんか？」と冷静に声をかけました。すると、その女性がずんずん近づいてきて、「ぶつかるッ！」と思った瞬間、親父の体をすり抜けて消えたのだとか……。

親父は、それから霊が見えるようになったといいます。

刺されたはずのスキンヘッドのおじさんが……

僕がはじめて幽霊が見えると自覚したのは、小学三年生のときです。

当時、住んでいたアパートの三階で、ある日、ベランダに出て外を眺《なが》めていたら、向かいのマンションから、刃物が突き刺さったスキンヘッドのおじさんが出てきました。

追いかけるように別のおじさんも出てきて、倒れた前のおじさんに襲いかかると、刃物で〝メッタ刺し〟にしてしまったのです。

あまりにもショッキングな出来事に、呆然《ぼうぜん》としたまま見下ろしていたら、死ぬ間際の刺されたおじさんと目が合ってしまいまして……。

翌朝、ふと横を見ると、**僕の肩に殺されたはずのスキンヘッドのおじさんの顔があった**のです。

さすがに「これは幽霊だ」と思いましたが、自分ではどうすることもできずに一週間ほど経った頃、親父がさらりと「自分でとれないのか？」と聞いてきました。

そのときはじめて、親父にも霊感があると知って、「とれない」と返事をしたところ、「俺がなんとかするから今日は寝ろ」と言ってくれて、翌朝起きたら、スキンヘッドのおじさんはいなくなっていました。

僕はおそらくその前から、幽霊は見えていたのでしょうが、今振り返ると、生きているのか死んでいるのか区別がついていなかったのだと思います。

でもそのスキンヘッドのおじさんの一件で、幽霊が見えると自覚してから、だんだんと生きている人と死んでいる人の見分けがつくようになったのでした。

霊感は「人に移るもの」か？

霊感は人に移ることはないのかと、気になる人もいると思います。

そもそも幽霊が見えることとは、特別なことでも異常なことでもありません。

霊については、脳波の活発な動きや、人の第六感的なもの（189ページ）が作用して、見えないはずのものが可視化するらしいと、科学的にも研究が進んでいる分野なのです。

これはあくまでも僕の想像ですが、もしも脳波を活性化するマイクロチップが開発されたら、それを埋め込んだ人は誰でも霊感がある状態になれるかもしれません。

そのくらいちょっとした違いで、幽霊は見えるようになるものなのです。

ですから、「霊感は移るんですか？」と聞かれたら、「何かきっかけがあれば移ることはあるでしょうね」と答えています。

霊感がない母親の〝ふしぎ体験〟

僕のおふくろは霊感がまったくないのですが、親父や僕のせいでふしぎな体験をいっぱいしています。

おふくろはもともと怖がりなので、親父は幽霊が見えても何も言わないようにしてきました。

ところが結婚前に、二人で旅行へ出かけたときのこと。泊まったホテルの部屋が、ものすごく嫌な雰囲気だったそうです。

その日の夜、おふくろがトイレに起きたら、部屋にあった姿見から女の人が出てきて、おふくろの腕をつかんで引きずり込もうとしたらしいのです。

結局、それは夢だったんですけど、親父も起きて気がついたときには、おふくろが大汗をかいて鬼のような形相《ぎょうそう》で痙攣《けいれん》していたみたいで、「これはヤバい」と思ったそうです。

すぐに無理矢理おふくろを叩き起こして、寝るとまたもがき苦しむ——を何度も繰り返したみたいで、心霊現象には慣れていた親父もさすがに、かなり心配したそうです。

子どもの僕まで霊感を持ってしまったので、幽霊が見えてもいちいち口には出しませんでしたが、おふくろも身近に幽霊がいる生活は当たり前になっていました。

三日前に家賃を渡しに来た老人はいったい……？

それでも、霊感のないおふくろまで、幽霊にびっくりさせられた出来事があります。僕ら家族は、昭和に建てられたボロボロのアパートの一階に住んでいて、大家さんとして二階の部屋を貸していた時期がありました。

二階に住んでいたのは、老人ホームに入る余裕がないおじいさん、おばあさんばかり。みなさん、余生を過ごすつもりでうちのアパートを借りていたので、次々に亡くなっていきました。

そんなあるとき、二階に住んでいた〝モトベさん〟というおじいさんが、おふくろに家賃を渡しに来たんです。

いつも養命酒を持ってくる人で、そのときもモトベさんから「養命酒をどうぞ」と渡されたおふくろは、「ありがとう」と言って受け取ったそうです。

その三日後、うちの部屋の上に住んでいた二階のモトベさんが〝自然死していた〟のが発見されたんです。

警察で遺体を調べた結果、**死後一週間が経っている**ということでした。ということは、三日前におふくろに家賃を渡しに来たモトベさんは、幽霊だったことになります。

しかし、幽霊は物を持てないはずなので、なぜモトベさんが現金と養命酒を持って来られたのかは今でも謎です。


いつも元気で律義でやさしいおじいさんだったので、おふくろに「元気でいてくれよ」と励ますつもりで来てくれたのかもしれません。

そのときは僕も、「幽霊ってすごいなぁ」と思わずにはいられませんでした。

おふくろも怖がるどころか、「モトベさん、もっと早く気がついてあげられなくてごめんなさい」と言っていました。

そんなこともあったので、おふくろも今では、心霊現象が起きてもゲラゲラ笑ってテレビを見られるほどになりましたね。


霊感がない人は、身近に心霊現象が起こると最初はすごく怖がりますが、慣れてしまえばおふくろみたいに怖くないレベルに達します。

まったく霊感がない人も、霊感がある人と同調していけば同調していくほど、相手の脳波や感情の影響を受けて霊が見えやすくなるのです。

もしあなたの身近に霊感がある人がいて、最近、自分も霊的なものの気配を感じるなと思ったら、霊感が移っている可能性大です。

世の中にたくさん幽霊がいるのは間違いないわけですから、必要以上に怖がってジタバタしたり、ストレスを抱えたりしないようにしましょう。見えてしまうものは素直に見えていると思ったほうが、精神的には楽ですよ。

霊視するとき、何が見えているのか？

以前、先輩芸人の尼神《あまこう》インターの渚《なぎさ》さんと話をしていたとき、ずっと気にかかっていたことがストンと腑《ふ》に落ちたことがありました。

渚さんは、よくご飯に連れていってくれて、可愛がってもらっているので、僕の霊能力のこともいろいろ話していました。

あるとき、「何がよく見えるの？」と渚さんに聞かれたので、**人のネガティブな感情がよく見える**という話をしたら、「殺人事件がきっかけだからやろうな」と言われたのです。

「どういうことですか？」と聞いたら、「マイナススタートやからマイナスしか見えへんのや」と言われて、「ああ、それだな」と納得したのです。

僕は、「この人を救いたい」とか「亡くなった人の代わりに私が伝えてあげたい」といった気持ちから、霊能力が身についたわけではありません。

人殺しの現場を見てしまって、殺された人が「なんでオレが殺されなきゃなんねえんだよ」っていう顔で僕についてきたから、人のマイナス感情が見える回路が開いてしまったのですね、きっと。

人間には、もっといいところがあるはずなのに、僕はなぜか誰を霊視しても、マイナス面ばっかり見えてしまう。

その理由が、渚さんの言葉で、「そういうことか」と腑に落ちました。

人のマイナス面が見えてしまう——僕の場合

ただひとつ、ありがたかったのは、その人のマイナス面を見て本心をズバリ言い当てていたら、メディアが注目してくれたことです。僕みたいにズバズバ言う芸人は面白がってくれるみたいですね。

芸人だけでなく、タレントや俳優の方々に、ある意味失礼なこともいろいろと言わせてもらっています。

今まで言ったことをいろいろ思い返してみると、全部マイナスといえばマイナスのことばかりなんですよね。言われた人たちも、マイナスのことを言われると普通は「え?」ってなりますけど、笑って受けとめてくれる人が多いのもありがたかったです。

だからといって、「あなた死ぬよ」「地獄に堕《お》ちるぞ」とか、相手を追い詰めるような言い方は絶対にしません。

僕はむしろ、マイナスの度合いがひどすぎるとわかった人にも、言っちゃいけないこともあると思って、当たり障《さわ》りのないことしか言わないようにしています。

最近は、マイナス面ばかり見えることのメリットも感じつつあります。

というのも、最初に会った人の印象がマイナススタートで、そのあとでちょっとでもいいところがわかると、「思ったよりいい人だ」とプラス面が加算されていくからです。これって、マイナススタートだからこそトクしている、っていう考え方もできますよね。

最初はいいところしか見えなくて、つきあっているうちに悪いところに気がつきはじめたら減点法になるので、つきあいも長続きしなくなりそうです。だから今は、「マイナススタートでよかったかも」と思えるようになりました。

「霊感がある人」の見分け方

あなたのまわりに「私、霊感あるの」と自分から言ってくる人はいませんか？

もしくは、「あの人、霊感があるのかな？」と気になっている人。

そういうとき、簡単に霊感があるかないかチェックできるポイントがあります。

まず、**霊感がある人が自分から「私、霊感あるんだよね」と言うことはめったにありません。**


僕自身、子どもの頃から幽霊は見えていましたけど、そのことを打ち明けたのは、片手で数えられるほどの友人だけでした。

今は仕事上、必要に迫られて、霊感があることも、人の心を霊視できることも大っぴらに話すようにしています。でも、それまではずっと、まわりに言い触らすものじゃないと思ってきました。

なぜなら、「霊感がある」と言ったところで、気持ち悪がられたり変わり者だと思われたりして、メリットよりもデメリットのほうが多いからです。

ですから、自分から「霊感あるんだ」と言ってくる人は、相手の気を引くためにそう言っているだけかもしれません。ただ、本当に霊感があると思える人からそのことを打ち明けられたら、気持ち悪がらずに話を聞いてあげてほしいです。

すぐにわかる「四つの判断方法」

では、自分から何も言わない人が、霊感があるのかないのかを調べるにはどうすればいいか。

確認する方法はいくつかあるので、順に説明していきましょう。

一つ目は、**「幽霊についてどう思う?」と質問してみること**です。

その問いに対する答えが、「悲しい存在」というような内容だったら、その人は霊が見えている可能性が高いです。

幽霊というのは、生きている人と話せるわけではなく、死んだときの時間から過去に逆戻りして孤独の中をさまよいながら消えていく存在です。

しかも大抵は、成仏《じょうぶつ》できないままこの世に心残りがあって現われているわけですから、基本的にすごく悲しくて切ない思いを抱えているわけです。生きているときに極悪人だった人も、善人だった人も、それは同じです。

そうすると霊感がある人は、「自分もいつか死ぬんだな。死んだら、あんな風に悲しい存在になるかもしれないんだな」と痛感するのです。

その「悲しい存在」のことを「怖いもの」だとして、恐怖体験や心霊現象を話す人は、霊感があるとは思えません。

あるいは、単に恐怖体験をしただけで、恐怖体験と霊感があることをごっちゃにしている可能性もあります。霊感がない人でも、心霊現象を経験したり、幽霊がいるとしか思えないような恐怖体験をしたりすることはありますから。

二つ目は、**見た目の見分け方**です。

本当に霊感がある人は、いたって普通の格好をしています。

霊感がある人にとって、幽霊が見えるのは普通のことなので、何も特別視する必要がないんですね。

だから、何か特別な能力を持っているように装っていたり、数珠《じゅず》をぶら下げていたり、和服を着て「それっぽさ」を演出したりしません。

逆に、絵に描いたような霊媒師みたいな格好で、「あなたに悪いものがついているのが見えるよ」と聞いてもいないことを言うような人は、特殊能力があるフリをしているだけの可能性が高いです。

そういう人に、お祓いを頼んだり霊視をお願いしたりするのはおすすめしません。また、霊感がある人が除霊できるとは限りませんし、僕も除霊はできません。

三つ目は、**人のことを簡単に否定するかしないか**です。

霊感があるのはどういうことかというと、人の心根の部分、一般的な言葉でいうと魂のようなものが見えることを意味します。

幽霊はそれが体から抜けたあとの状態で、生きている人の霊体はそれが体の中に内包されている状態、という違いがあるわけです。

霊感がある人はその魂が見えてしまうので、人間というものは単純に善悪で判断できないことがわかっています。一般的な社会のモラルとか常識だけでは測れない、複雑なものを抱えているのが人間だ、ということを理解しているのですね。

ですから、世の中の8割ぐらいの人が、「あんなことやっちゃダメだよね」と否定したり非難したりすることをやった人がいても、霊感がある人はその人の立場になって考えたり、直接本人の相談に乗ってあげることができるのです。

僕も、たとえ相手がどんな人でも、自分に相談してくることがあったら、一度は寄って話を聞きます。「これはダメ、あれはオッケー」と、人間を単純なパターンに当てはめるようなことはできないからです。

もしあなたのまわりに、いつどんなときも人の心に寄り添って話を聞いてあげている人がいたら、その人には霊感があるかもしれません。

四つ目は、**騙《だま》されやすいか、そうでないか**です。

霊感がある人は相手の本質を見抜くことができるので騙されません。霊感があると人の本心も見えるので、騙されたり振り回されたりすることがないのです。

僕がよくやっている生き霊チェックもまさにこれです。

逆の言い方をすると、人にいいように使われていたり、人に騙されて痛い目にあっていたりするような人は、霊感がないと思ってまず間違いないでしょう。

ただ、これは僕だけかもしれませんが、人を好きになって〝恋〟をしたときは霊感がなくなり、幽霊が全然見えなくなりました。

そのとき、好きな相手に騙されたら見抜けなかった可能性が高いので、この四つ目の特徴は一概には言い切れません。本人の心理状態が不安定なときは例外もある、ということにしておいてください。

「見えない世界」がわかることのいい点、悪い点

「霊感があるといろいろなことがわかって、トクすることもあるのでは？」と思っている人もいるみたいですが、それは予知能力があって馬券を当てたりできることをイメージしているのかと思います。

はっきり言っておくと、僕には予知能力はありませんし、霊感がある人が何かトクすることもめったにないはずです。

僕の場合、霊感があってよかったと思うのは、テレビに出られるようになったことくらい。もちろん、そのことにはすごく感謝しています。

生き霊チェックをすることで、テレビで見て憧《あこが》れていた芸能界の大先輩方と共

演できましたし、普通は会えないような偉い人たちともたくさん会うことができました。自分がコンプレックスに思っていたことも、テレビや本で堂々と言えるようになったのはうれしく思っています。

でもこれは芸能界に入ったからできたことで、一般の霊感がある人はなかなか経験できないですよね。

大事なときに限って邪魔をしてくる幽霊たち

そういう意味で考えると、やはりデメリットのほうが多いと思います。

特に、人の本心がわかってしまうことによって、他人のことを心から信頼することができなくなったような気がします。

僕のＹｏｕＴｕｂｅチャンネルのコメント欄にも、「ヘヘッ」って顔では笑っていても、「目が笑ってないですよね」と書かれることがあります。おそらく目がすわっているのでしょうね。

それに幽霊が見えることで生活のいろいろなことを邪魔されることも多いです。たとえば、トイレを我慢して家に帰り着いて、「やっとトイレに入れる！」と思ってガチャッとドアを開けたら、知らないおじさんの幽霊が先にトイレに座っていて、「うわ～、やめてくれよ～」となったり。

ラグビーの練習で疲れ果てて、家でゆっくりお風呂に入ろうと思ったら、やっぱり知らない男の人が先に入っていて、「なんでここにいるんだよ」と思いながら、仕方なく向き合って湯船に浸かったり。

同じくラグビーの練習で疲れて、倒れ込むように二段ベッドの下に寝たら、上のベッドで「ゴンゴン」って蹴《け》るような音がするから、「うるせえな！」って幽霊に文句を言ったり……。

最悪だったのは、大学生ではじめて彼女ができたときのこと。

一人暮らしだった彼女の家に行って、「さあキスしてはじめるぞ！」と自分の中で盛り上がりはじめたときに、ふと部屋の隅を見たら、**五十歳くらいのおじさ**

んが立っていてジーッとこっちを見ているのです。

そのとき初体験だったからめちゃくちゃ緊張していたのに、しかも他人に見られるのってすごく嫌ですよね。でも途中でやめたら、彼女が「私じゃダメなの？」と思うかもしれません。

それで仕方なく、「もういい。気にしない！」と決めて、目をギュッとつぶって、幽霊を見ないようにしながらコトを進めていきました。

そしたらいちばん大事なタイミングで、彼女の顔からそのおじさんの顔が〝ぬわーん〞って出てきたんですよ。しかもものすごく怒っているような形相で！

あとでその子から聞いてわかったのは、地方にいるお父さんが上京した娘の一人暮らしを心配しすぎて、ちょくちょく連絡してきていたらしいのです。

要するに、その子の顔から出てきたのは、**お父さんの生き霊**だったんですね。

あれは本当に参りました。大事な初体験を、まさか彼女の父親の霊に邪魔されるなんて、相当キツい思い出ですね。

Column 1

金縛り、ラップ現象、心霊写真……その〝心霊現象〟は本物か？

世の中には、**心霊現象**と思われているものがたくさんあります。

金縛りや**ラップ現象**があるたびに、いちいち怯《おび》えたり不安を感じたりする人もいるのではないでしょうか？

でも実際はただの勘違いだったり、物理的な理由で起きていたりする現象も多いのです。

ここでは、どれが本物でどれが偽物の心霊現象なのかお伝えしたいと思います。

「金縛り」は、なぜ起こるのか？

まず**「金縛り」**ですが、**99・5％が肉体や精神の疲労が原因**だと思っていいでしょう。実際、脳を使いすぎたり、体を使いすぎたりして疲れていると意識はあるのに体がいうことをきかずに〝ガチーン〟と硬直したような感じになります。

自分が金縛りにあったときのことを思い出してみてください。すごく忙しかったり、緊張したりして、頭を使いすぎていませんでしたか？

思い当たる人は、**金縛りにあわないために、まずは疲れをとりましょう。**

では、残り0・5％の、心霊現象としての金縛りはどういうものなのでしょうか？　それは、明らかに人の気配がするときや、幽霊が現われたのが見えたときです。

その場合は、下手に怖がったり怯えたりせず、精神的に幽霊に打ち勝つために、**「あんたなんかに負けないからね！」と思って、気を強く持ちましょう。**

幽霊は、たいした力は持っていませんから、一刻も早くぐっすり寝るためには、不安や恐怖に負けずに相手を追い払うくらいの度胸が必要です。

僕も前に、金縛りに近い状態になったことがありました。体が動かずパッと目を開けたら、四十代くらいの女の人が立っていました。

すごくびっくりしたのですが、眠たかったので、「寝かしてください！」と言うとスーッといなくなりました。

「ラップ現象」とは

金縛りと同じくらいよく聞く話に、**ラップ現象**があります。これもほとんどの場合で、**何かの物理的な原因によって起きています。**部屋の床が「ギシギシ」と鳴ったり、天井裏から「トントン」と音がしたり、テレビが突然消えて

「ザザザーッ」と音がしたり、電気がパチパチして消えたり……。

こういうことは、多くの人が経験していると思いますが、ほとんど棚、天井裏、テレビ、電気に何か問題があるだけで、ラップ現象ではありません。何度も続いてうるさいようなら、修理すれば解決するでしょう。


では心霊的なラップ現象はいったいどういうものか？　ひと言でいうと、**「ありえないこと」が起きた場合**はその可能性が高いです。

たとえば、誰もいないはずの部屋で手を叩く音がするとか、窓を閉め切っている部屋で突然カーテンがふわっと揺れたとか……。めったにありませんが、そこにあった物が飛び跳ねたり、急にひっくり返ったりした場合は、ラップ現象と思って間違いないでしょう。

なぜなら**幽霊は、自分の存在に気がついてほしくて、目立つアクションを起こす**からです。

幽霊の立場になって考えるとわかると思いますが、自分の存在に気づいてもらうためには、ただ床をギシギシ鳴らしたり、電気をパチパチさせるよりも、モノをひっくり返したり、手をパチンと叩く音を出したほうが、効果が期待できますよね。

お笑い芸人のサンドウィッチマンの富澤たけしさんは、飲んでいたコーヒーカップにティースプーンを入れていたら、勝手にスプーンが回りはじめたことがあったらしいです。

「心霊写真」の見分け方

最後に、心霊写真の見分け方を教えましょう。

最近はフィルムではなく、デジタル画像も増えてきましたが、僕が今まで見てきた心霊写真に関していうと、**本物の確率は2〜3%くらい**です。

残りの97%は、カメラの誤作動とか、光の加減で偶然で写り込んだものか、撮った人が画像をそれっぽく加工した偽物であることがほとんどです。ちなみに、僕宛に送られてくるデジタル画像の心霊写真もほぼ偽物ですね。

ただ、スマホの写真機能も進化してきたので、最近は例外もあります。

これは先輩芸人の武井志門さんから聞いた話ですが、男性三人で心霊スポットに行き、「iPhone11」で記念写真を撮ったら、女の人が一人、みんなと同じようにハッキリと写っていたそうです。

幽霊っぽくぼやけていたり、手や足だけ写っていたりするのではなく、顔も体も普通にちゃんと写っていたので、まるで四人の記念写真みたいだったとか……。三人とも「こんな奴、絶対にいなかったよな!?」と、びっくりするどころかあきれて笑ってしまったらしいですけどね。

でも、この話はかなりめずらしいケース。

心霊写真は、フィルムで撮った写真のほうが断然本物の確率が高いです。本物の心霊写真は、まず**パッと見ただけで寒気がして「気持ち悪い」と感じます。**

以前、吉本の先輩芸人、風来坊の伊山亮吉さんに、京都で撮った心霊写真を見せてもらったときは、見た瞬間にゾワッと悪寒《おかん》がして「これは本物だ」とすぐにわかりました。

その写真は、伊山さんが仏閣を見上げている姿を写したもので、一面に「白いもや」がかかっていたのです。恐る恐る写真の向きを縦から横に変えてじっくり見てみたら、白いもやの正体は、**男性の幽霊が大きく口を開けて叫んでいる顔**で、何体も並んでいました。

あれは、僕が見た中でも一、二位を争うほど怖い心霊写真でした。

本物の心霊写真はそれほど、見た人をゾッとさせる力を放つのです。

もしもそのような心霊写真を撮ってしまったら、近くの神社に持っていって供養《くよう》お焚《た》き上げをしてもらってください。

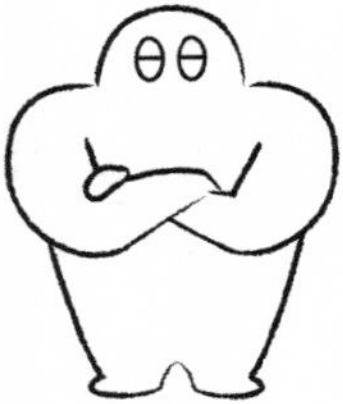

2章

死霊につかれる人 つかれない人

……常に「心の隙間」を狙われている!

死霊をむやみやたらに怖がらなくてもいい

この章では「死霊」について、くわしく見ていきましょう。

死んだ人の霊、いわゆる死霊にも、〝怖いもの〟と〝怖くないもの〟と、いくつか種類があります。

1章でお伝えしましたが、**幽霊と亡霊はどちらも怖くない霊**で、この世に何か心残りがあってさまよっているマイナス思考の霊ではありますが、**生きている人に悪さをすることはめったにありません**。

身近にいたとしても、幽霊や亡霊としてただそこに存在しているだけなので、気にしなければいいですし、必要以上に怖がらなくても大丈夫です。

一方、**怨霊や悪霊と言われる霊はまったくタイプが異なります**。

誰かに強い恨みや執念がある人は、死後に怨霊や悪霊になる可能性が高いです。その怨念を晴らすため、生きている人にとりついて悪いことに巻き込むことがあります。


怨霊になるケースでわかりやすい例は、**男女関係のトラブル**です。

たとえば、A夫さんという男性がB子さんという女性と大恋愛をしたとします。ところが、二人がつきあってしばらくすると、C代さんという女性がA夫さんの前に現われ、A夫さんが一目惚《ひとめぼ》れします。

C代さんを思う気持ちにどうしても歯止めが効かなくなったA夫さんは、C代さんともつきあいはじめることになり、しばらくすると、B子さんにそのことがバレてしまいました。

大好きなC代さんとの仲をB子さんに責められるのが鬱陶《うっとう》しくなったA夫さんは、B子さんを自殺にみせかけて殺害し、C代さんと暮らしはじめます。

こういった場合、殺されたB子さんは怨霊となって、A夫さんやC代さんにとりついたり、死に引き寄せようとしたりします。しかし、恨まれた人（この場合はA夫さんとC代さん）だけが害をこうむるだけで、彼らとまったく関係のない、赤の他人が怨霊（B子さん）にとりつかれる可能性は低い、と僕はみています。

ただ、まったく関係がないのにもかかわらず、**怨霊や悪霊に「つかれやすい」タイプの人がいる**のも事実です。

「霊につかれやすい人の三つの特徴」（82ページ）でくわしく説明しますが、霊につかれやすい人は怨霊の影響で突然、病気になったり、事故にあったりすることがあります。

「霊的な場所」でのふるまい方

人から恨まれているわけでもなく、つかれやすい体質でもない人に、悪い霊がついてしまうのは、心霊スポットに遊び半分で行ったりしたときによく見られます。そういう人は大抵、霊に対して失礼な態度をとっています。

僕が心霊スポットに行くときは必ず、**「失礼します。今日は仕事でこちらに来ました。よろしくお願いします」**と言葉にして挨拶しています。心で思うだけよりも、ちゃんと口に出したほうが、気持ちが伝わるからです。

僕の経験上、ちゃんと挨拶した人には何も問題は起きませんでしたが、キャーキャー騒いでズカズカ心霊スポットに入っていった、若いアイドルやタレントさんは次々に体調を崩していきました。

怨霊や悪霊というのは、憂《う》さを晴らすためにこの世にいるわけですから、**失礼な態度をとると仕返ししてくる**のです。

人間というのは、プラスの感情よりもマイナスの感情を溜め込みやすい生き物です。恨みや憎しみのマイナス思考だけで生きていた人間の霊は、死んだあとも、「クソが」「お前も死ね」と思っているような〝ろくでなしの霊〟です。

そこまで攻撃的でないにしても、仕事、お金、人間関係のことで、他人に対する恨みつらみを抱えている霊はたくさんいます。ただ、自分が何に恨みや憎しみを抱いていたのか、忘れてしまう霊も多い。

単に、「何かが憎い」「何かを恨んでいる」という漠然とした感情だけが残っていると、ちょっと気に食わない目障りな人間が目の前に来ただけでターゲットにされてしまうこともあるのです。

ですから、**霊的なものがいる場所では、必ず礼儀正しくふるまいましょう。**

また、怨霊や悪霊を怖がってビクビクするのも、相手を刺激することになりますから、**冷静な態度でいることを心がけて**くださいね。

「死に方」で死後は決まるのか？

死霊について考えるとき、僕によく来る質問に、次のようなものがあります。

「友人が自殺してしまったんですけど、自殺した人は成仏できないんでしょうか？」

「孤独死した人は地縛霊《じばくれい》になって、そこにしがみつくのでしょうか？」

たしかに「死」が突然だったりすると、余計に気になる人は多いでしょう。しかし、**死に方で死後が決まることはありません**。

なぜかといえば、死に方だけで「死にいたった理由」を決めつけることはできないからです。

死んだ人の気持ちは、本人にしかわからない

自殺とひとくちにいっても、いろいろなパターンがありますよね。

仕事や人間関係で精神的に追い詰められてしまった人。経済的に苦しくなって、家族や従業員のために犠牲を払った人。難病の苦しみに耐えきれず、早く楽になりたくて命を絶った人――。

その人がどういう感情で亡くなっていったかは、残された人にはわかりません。もしかすると、「こういう形で人生を終えることになったけど、それなりに楽しい人生で思い残すことはない」という気持ちで、亡くなっていく人もいるかもしれません。

病気で死ぬ人も同じです。

がんで死ぬ人には、食事や運動に気を配って健康的に生活していた人もいれば、

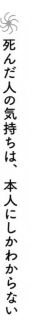

暴飲暴食を繰り返してタバコもスパスパ吸っていた人もいるでしょう。

前者の場合、「なんで自分が？」と納得できないまま、悔しい思いで死んでいくかもしれません。

逆に後者は、「めちゃくちゃな生活をしていたのは自分だから、がんになっても仕方ないよな」と、あきらめがつく人もいるかもしれません。

同じ死に方でも、死にいたるまでの感情はひとくくりにはできないのです。

結局、「死後どうなるか？」を決めるのは、**「その人がどういう感情で亡くなっていったか？」**が大きく関係するのです。

たとえば、自分を自殺に追い込んだ人や、自分を殺した人を強く恨んで亡くなった人は、怨霊になって恨みを晴らそうとするかもしれません。誰かを好きで執着して亡くなった人も、しばらくその人に執着するかもしれません。

でも、強い恨みもこの世に未練もない人は、幽霊になってもすぐに消えていきます。

ですから、**死に方だけでその人が怨霊になるとか、誰かを恨んでとりついているとか、勝手に決めつけるのは失礼なこと**だと思うのです。

もしも死者のことを心配するのであれば、その人がどんな生き方をして、どんな思いで亡くなったのか考えて、気持ちを汲《く》んで供養してあげましょう。

特に、初七日、四十九日《しじゅうくにち》といった忌日法要《きじつほうよう》までの期間は、亡くなった人がまだこの世に留まって、人生を振り返ると言われています。

生きている人が、亡くなった人との間でできることは、**彼らとの思い出を大切にすること**です。

霊にとって最もうれしいのは「気にかけてくれること」

死んだ人の霊が、いちばん集まりやすいのはどこだと思いますか？

「心霊スポット」と言われる場所には、廃墟やトンネルや病院が多いですよね。

病院は確かに人がたくさん死んでいく場所なので、死んだ直後の幽霊もふくめると、霊が集まりやすい場所と言えます。

一方、廃墟やトンネルはどうでしょうか？

自分が死んだら、廃墟やトンネルに行きたいと思いますか？

――思いませんよね。

怨霊や悪霊のように、人や場所に強い恨みやこだわりがある霊は別ですが、幽霊というのは基本的に、**生きていた頃に楽しい思い出のある場所**へ行きたがります。

楽しい思い出がある場所といえば、人がたくさん集まる遊園地やアミューズメントパークですよね。僕が以前見た、ハロウィンの夜に幽霊の群衆が歩いていた（22ページ）ように、お祭りやイベント会場、舞台や劇場も幽霊の人気スポットです。

変わったところでは、僕は映画館で幽霊と一緒にホラー映画を観たこともあります。その幽霊はきっと、生きているときも映画が好きだったのでしょうね。

でも「もし自分が死んだら」と考えると、僕は愛する家族や好きだった人に会いにいきたくなるんじゃないかなと思うのです。

ところが、僕の経験上、幽霊は人が集まる楽しい場所にいるほうが圧倒的に多いのです。もしかすると、家族や恋人のことよりも、自分がいちばん大切で、自分を何よりも優先しているからかもしれません。

自分がいちばん楽しくて幸せだった場所が、家庭や恋人のそばじゃないと思うと、ちょっと複雑な気分になりませんか？　大げさかもしれませんが、知らない人が集まる場所をウロウロしている幽霊たちを見ていると、「結婚って何だろう……？」と考えてしまうこともあります。

「霊を意識しやすいところ」とは

もうひとつ、霊が集まりやすい場所に、**「水があるところ」**があります。

「お風呂場で幽霊を見た」「湖に幽霊が出た」「海の中で幽霊に足を引っ張られた」といった話をよく聞きます。

では、本当に水辺に霊が集まりやすいのかというと、そういうわけではありません。水辺にいても陸地にいても、霊が現われるときは現われます。正しくいうと、**「見えるときは見える」**のです。

ではどういうときに見えるかというと、生きている人間が「幽霊という存在を意識」したときです。つまり、**水を見ると人は霊的なものを意識しやすくなる、**ということです。

水というのは、生命が誕生する源でもあり、その中にいると死んでしまうものでもあります。お風呂でも毎年、ものすごい数の人が溺《おぼ》れて亡くなっていますからね。

だから私たちは、海はもちろん、プール、川、湖、お湯をはったお風呂にいたるまで、水を見ると死を連想してしまうのです。死を連想すると、必然的に幽霊のことも意識するから見えやすくなる、というわけです。

鉄橋も、幽霊が現われたり、怪奇現象が起こったりとよく噂《うわさ》される場所です。これは、霊感のある芸人の先輩が**「磁力の問題だろう」**と言っていて、なるほどなと思いました。

前にも触れましたが、人間には電気が流れています。ものすごく磁力の強い場所に行くと、いちばん電気の影響を受けやすい人間の脳の活動領域が増えると言われています。だから、普段は見えないはずの幽霊が見えやすくなるのでしょう。

そこが観光名所だったりすると、やはり思い出の場所としてさまよっている霊もウロウロしているはずです。自殺の名所だったら、成仏できないままこの世に思いを残した霊も留まっているかもしれません。

鉄橋がある場所は磁力が強いために、たまたま見えてしまう人が多くなってしまうのだと思います。

こうして考えてみると、霊は集まるところには集まってきますし、水辺でも鉄橋でもどこでも、見えるときは見えると言えるでしょう。繰り返しになりますが、だからといって、必要以上に怖がることはありません。

意識すればするほど、怖がれば怖がるほど霊は近寄ってくるので、**霊は霊、私は私と割り切って平然としている**くらいがいいのです。

霊につかれやすい人の「三つの特徴」

霊感はなくても、霊につかれやすい人がいます。どういう人に霊は近寄ってくるのでしょうか？　その特徴を見ていきましょう。

一つ目は、**幽霊の存在を信じている人**です。

幽霊というのは、生きている人から簡単には認知してもらえません。どんなに人が多い場所に行っても、水辺に立っていても、誰にも気づかれないままひとりぼっちで寂しくしているのが幽霊なのです。

それでも誰かに気づいてほしいから、この世をさまよっているわけですね。

だから、「幽霊なんているわけねえじゃん。そんなもん信じるなんてアホらしい」と思っている人より、「幽霊って、身近なところにいるのかも」と思っている人のほうに、スーッと近づいてきます（なかには、先輩芸人のソラシドの水口靖一郎さんのように、幽霊なんてまったく信じていないのにつかれやすい人もごくまれにいらっしゃいますが……）。

基本的に、「幽霊はいる」と信じている人のほうがとりつかれやすいです。

二つ目は、**やさしい人**です。

誰に対しても分け隔てなくやさしくしてしまう人は、幽霊にとっても近づきやすい存在だからです。

生きている人だってそうですよね。強面《こわおもて》で暴力的で、人を寄せつけないような雰囲気の人より、初対面でも話しかけやすそうな、見た目もおっとりした人のほうが近づきやすいでしょう？

それは幽霊もまったく同じです。

「この人だったら、もしかすると自分に気づいてくれるかもしれない」とか、近づきやすそうに見える、やさしい雰囲気の人に引き寄せられていきます。

僕のまわりにも、やさしすぎて幽霊がたくさん寄ってくる芸人さんが何人かいます。なかでもすごいと思ったのは、先輩芸人のTOKUさんです。

僕がまだ芸人になりたての頃、知らない先輩ばかりの楽屋に入っていったとき、TOKUさんにだけ、なぜか霊がたくさん集まっていたのです。

もちろん、そのことは本人には黙っていたのですが突然、双子の先輩芸人のダイタクさんから、「この劇場にいる芸人でいちばん霊がついてるのは誰?」と聞かれたのです。

僕は思い切って、「あそこにいるロングヘアのTOKUさんです」と答えました。すると、「アイツよりいい奴はいない。あんなにやさしい人は見たことない」とみなさんに言われるほど、めちゃくちゃやさしい人だと知りました。

それを聞いて、「ああ、やっぱり」と納得しましたね。

生きている人たちから「あんなにいい人いないよね」と言われるほどやさしい人は、幽霊から見ても「あんなにとりつきやすい人はいない」と思う人なのです。

もちろん、やさしいことはいいことなので性格を変える必要はありませんが、**霊に対して、かわいそうだとか同情するようなことは思わないほうがいい**です。

「生命力が落ちたとき」がいちばん危ない！

最後に、霊につかれやすい人の三つ目の特徴は、**精神的に弱っている人**です。生きている人間も同じですが、精神的に弱っているときは、人から付け入られる隙《すき》が多くなります。

精神的に弱くなる原因はいろいろあります。

たとえば、「自分はダメな人間だ。何をやってもうまくいかない」と自信をなくして自分を責めたり、自虐的になっていたりするとき。

誰かに対する妬みや憎しみがあって、「アイツのせいで自分は不幸になった」という被害者意識が強くなっているとき。

こういった考えをするときは、ネガティブ思考で自分の心を「ぎゅうう」と締め付けているため、精神的にどんどん弱まっていきます。そして、**精神的に弱くなると生命力が落ちて、死に近づいていっている**のです。

それは幽霊にしてみれば、自分に近づいてきてくれていることですから、まさにとりつきやすくなるのです。

といっても、「マイナス感情の強い人のほうが、相手に負けたくないという気持ちから、精神的に強い場合もあるのでは?」と思う人もいるかもしれません。

でも残念ながら、実際はその逆。他人に対してマイナス感情を抱くのは、ものすごくパワーがかかります。パワーがかかるというのは、それだけエネルギーを消耗するということです。

エネルギーを消耗すれば、車のガソリンが減っていくのと同じで、最終的には動かなくなっていきますよね。ですから、人のことを憎んだり恨んだりしても、自分にとって何もいいことはないのです。

マイナス思考の人の中でも、特に精神状態が不安定で心が極限まで弱ってしまうと、自ら命を絶つことを考えはじめます。**幽霊にとって自殺を考えている人ほど、生きている人の中で最も近づきやすく、とりつきやすい存在はいません。**

自殺を考えている人が霊につかれると、あとは時間の問題です。死ぬ方向へどんどん引っ張られていくので、誰か他の人が制止しないととり返しのつかないことになってしまいます。

もしも身近な人が、死にたがるようなことを言いはじめたら要注意。精神的に強い人が生きる方向へ引き戻して、お祓いをするなどしかるべき対策をとったほうがいいでしょう。

「禁断の遊び」――危険な交霊術に手を出してはいけない

たまに、「夜中に怪談話や心霊話をしたり、怖い映画を観ていたりすると幽霊が寄ってくるんですか？」と聞かれることがあります。

これに対する答えは、半分イエス、半分ノーです。その理由を説明しましょう。

今までも書いてきたとおり、**幽霊の存在を信じている人、幽霊に興味関心がある人に、霊は近づいてきます**。そういう意味では、怪談話や心霊話に興味を持っている時点で、「私たちは幽霊に関心がありますよ」とアピールしていることになります。

幽霊に興味関心を持っているだけでなく、「もしかしたらここにもいるかもしれないね。何か感じない?」ということまで話題にすると、どうなるでしょうか?

おそらく幽霊のほうも「ここにいるよ」とアピールしようとして、何かしらふしぎな現象を起こして気を引こうとするでしょう。

一方で、怪談話や心霊話をしていても、何も感じない人や心霊現象が何も起こらない人もいます。

それはたまたま幽霊が近くにいなかったり、その場にいる人たちが鈍感すぎて、幽霊がアピールしてきてもまったく気がつかなかったりするという可能性が考えられます。

どんなに怖い話を聞いても見ても、まったく怖がらずに、純粋にエンターテインメントとして楽しむ人は、目の前に幽霊がいても気づかないかもしれません。

ただ、**「コックリさん」**という遊びだけは別だと僕は思っています。

面白半分でやったら、とんでもないことになる！

「コックリさん」は、こちらから幽霊を呼び寄せにいく遊びです。

一般に、降霊術のつもりでやっている人が多く、近くにいる幽霊に対して、「そこにいるんでしょ。いるなら返事をしてね。ここに来てね」とこちらからアプローチしていきます。

ということは、誰かに気がついてほしい幽霊にしてみると、「わーい。こっちに関心を持ってくれているんだ。そんなに呼んでくれるならついてしまえ！」と思ってしまうのも、おかしくないですよね。

実際、僕も現場を見たことがあるのではっきり言いますが、中学生の頃「コックリさん」をやっていた同級生の女の子が、本当に幽霊につかれてしまいました。僕は教室の後ろで、その女の子が友だちと三人で十円玉を動かしながら「コックリさん」をやっている様子を見ていたのです。

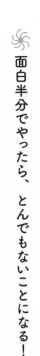

すると、青白い顔をした男の子が、その女の子の後ろに立っていたのです……。

その様子があまりにも不気味だったので、三人に「早く終わらせないとダメだよ」と声をかけて教室を出たのですが、それから一カ月ほど経った頃……。

「コックリさん」をやっていた女の子が急に転校して、**精神を病んで病院に入院したた**という話を聞きました。


すぐに不気味な男の子の幽霊のことを思い出した僕は、さすがにゾッとして、何があっても「コックリさん」だけはやらないと心に決めました。

もうひとつ、「コックリさん」よりも、さらに危険な降霊術**「ひとりかくれんぼ」**も同じです。

「ひとりかくれんぼ」は、かなり本格的な方法で幽霊にアプローチする遊びです。ぬいぐるみを刺すなどして、幽霊に会いたいとか、接触したいというアクションを起こした時点で、向こうにとりつかれる隙を与えてしまいます。

「なんかおかしい」と思ったときはもう手遅れで、よくないことが次々に起きるという話も聞きますから、絶対に面白半分でやらないようにしましょう。

「自分が自分じゃない……」その違和感がするとき

先ほどお話しした「コックリさん」をやった女の子のように、霊につかれた人がみんな精神を病むわけではありません。

では、霊につかれるとどうなるのでしょうか？　いくつか例を紹介しましょう。

よくあるのは、**その霊の性格や癖《くせ》が乗り移る**ことです。

これのいちばんわかりやすい例は、自殺したあと僕に乗り移ってきた叔父さんの霊です。

自営業をやっていた叔父さんが自殺したのは、経済的な理由からでした。

仕事がうまくいかなくなったので、自分が死んで家のローンの支払いを保険金でまかなおうとしたのでしょう。すごく責任感が強い人だったので、家族のために自分が犠牲になる道を選んだのだと思います。

その叔父さんが死んでから、僕に性格が乗り移ってきました。

もともと僕は、車やバイクの運転とか大嫌いで、免許証も身分証明のためだけにとりました。ところが、**バイクのレーサーだった叔父さんが死んだあと、なぜかピザをバイクで配達するバイトをはじめました。**

また、どこへ行くにも車で移動するようになったので、「なんで急に、車やバイクの運転が好きになったんだろう?」と、自分でもふしぎでした。

さらに、僕の部屋は、ちょっとしたゴミ屋敷と呼べるくらい散らかって汚かったのですが、きれい好きだった叔父さんが死んだあとは、なぜか僕は片づけまで上手になったのです。

その叔父さんは、すごく几帳面《きちようめん》で、趣味で集めたミニカーもきれいに並べて部屋に飾っていたのですが、いつの間にか僕も、好きな映画のキャラクターのフィギュアをガラスケースに入れて飾るようになりました。

あるときおふくろから、「やることが叔父さんに似てきた」と言われ、「あ！ホントだ。僕には叔父さんがついてるんだ」と気がついたのです。他人についている霊にはよく気がつきますが、自分についている霊のことはすぐにはわからないものです。

でも、こんな風に霊につかれていいことが起きるのは、相手が親族でいい人だったからでしょうね。

服装、メイク、趣味がガラッと変わったら……

普通、霊につかれると「変なこと」や「悪いこと」が起きるのが一般的です。

たとえば、性格がよかった人が急に他人に悪態をつくようになったり、見るからに本心ではないと思うような暴言を吐き出したりします。

経済的にも家庭的にも、どこから見ても幸せそうな人が、霊につかれて急に精神的に不安定になっていくこともあります。

本人は、**自分の意思と言動がバラバラになったような感覚になる**ので、服装やメイクの趣味がガラッと変わったり、それまでやったこともないことをはじめたりしたら、霊につかれている可能性を疑ったほうがいいでしょう。

霊の影響で体調が悪くなったり、病気になったりすることは聞いたことがあると思います。

最近あった話では、僕が絶対に行かないと決めている〝ヤバい〟心霊スポットに、ロケに行った先輩芸人が悪い怨霊につかれたらしく、ひどい吐き気と高熱にみまわれたそうです。

すぐに病院に行くと、「腐った生肉でも食べないと、こんなひどいことにはならない」とお医者さんに驚かれて、すぐに入院させられ、高い治療費を払ったといいます。

ただ、こういうケースはめずらしく、ほとんどの人は、**「最近なんかおかしい」と思う程度の軽い変化が起きる**くらいです。

あるとき、僕が仕事関係者と一緒に食事をしていると、そこにいたタレントのマネージャーさんに男の霊が乗り移っていたことがありました。

そのマネージャーさんは女性だったのですが、顔が別の男の人に見える瞬間が何度かあったのです。

「この人ちょっと危ないかも……」と思っていたら、彼女が座ったまま膝を「ドン！　ドン！」とテーブルの裏にぶつけはじめたのです。

そのたびにタレントさんのほうが、「すみません」と謝り、マネージャーさんがトイレに立ったときに、「実はあの子、ここ一カ月くらい変なんですよ」と相談されたのでした。

タレントさんは、その女性マネージャーさんが、変な動きをしたり、意味不明な言動をとるようになったりするのが気になって、「何やってんの？」と聞くそうなのですが、いつも無視されるらしいのです。

でも仕事はちゃんとやっているし、普通に話もできるから、「病院に行ったら？」とも言えなくて、どうすればいいか困っている様子でした。

僕は、そのマネージャーさんを見ていて、ちょっと怒りっぽい男の霊がついていると感じたので、いくつか厄払いの方法を教えてあげたのです。

「風邪のような症状」が出たら要注意！

ホラー系のドラマや映画では、霊にとりつかれると鬼のような形相になったり、怪物みたいに叫んだりするシーンがよく出てきますが、実際はそんなことは起きません。

自分が自分じゃないような違和感を覚える、もっとささいな〝変化〟が起きることが多いのです。

体の状態は、たとえるなら、風邪を引いたときの症状とよく似ています。今まで多くの幽霊にとりつかれた経験がある僕の〝見分け方〟をいうと、まず具合が悪くなるのが第一段階です。

そのあとに、体がずしーんと重くなって、どんどん冷えていく感じがします。ときには、突発的な吐き気や頭痛に襲われることもあります。

でも風邪と違って、咳《せき》や鼻水やくしゃみが出ることはまずありません。そもそも風邪になるようなことは何もしていないのに、頭痛や悪寒だけがするので、なんで具合が悪くなったのかさっぱりわからないことが多いのです。

自分が自分じゃないような感覚が強いと、「なんか変な霊につかれているかも」と感覚的にわかるので、僕より強い霊能力を持っている人に祓ってもらったこともあります。

あなた自身も、まわりにいる家族や友だちも、「何か様子がおかしい」と感じることがあったら、霊につかれている可能性も考えて、4章で紹介するお祓いを試してみてください。

あの世へ連れていく「死神」は存在する!?

「死神」というのは、人を死に誘ったり、死ぬ気を起こさせたりするもので、亡くなる人がよく目にすると言われています。

これは世界共通の定説で、死神をモチーフに描かれたものもたくさんあります。タロットカードなどでよく目にするのは、黒いマントをかぶって鎌を持ったドクロの姿をした死神。

でも僕が見た死神らしきものは、**「黒い霞《かすみ》」のような固まり**であることが多いです。たとえば、一年以内に死ぬ人は、体全体が真っ黒になっているのがわかります。

テレビの画面が砂嵐みたいになって「ザザーッ」となる、あの感じですね。黒さの濃度は、濃かったり薄かったりいろいろです。

僕は、ごくたまにしか真っ黒くなっている人に会いませんが、よっぽど親しい人じゃない限り、死期が近づいていることは伝えません。人の運命について、かかわりのない人間が一方的にあれこれ言うべきではないと思っているからです。

唯一、教えるのは、いつもお世話になっている先輩芸人だけ。

パンサーの尾形貴弘さんや千鳥のノブさんには、死神の影が見えたことがあったので、本人にお伝えしました。

尾形さんは、自分から病院に行ってくださって、腸炎が見つかって入院しました。

ノブさんは、相方の大悟さんから聞いた話によると、もともと体が弱いことを自覚していて一年に四回くらい病院に行っているそうです。その影響で、黒く薄い影がフワッフワワッと近づいているのが見えたのでしょうね。

特に命に別条はなかったようなので、ひと安心しました。

死霊から自分を守るコツ

また、黒い影は見えなくても、死神のような霊につかれる人もいます。

以前、ピザの配達のバイトをしていたとき、高齢者向けマンションに何度かピザを届けたことがありました。

最初に配達したのは、八十代くらいの足の弱いおばあちゃんで、ピザを取りに来るのも大変そうだったので、部屋の中まで持っていったのです。

すると、**部屋の奥に若い男の幽霊が座っていました**。

数日後、別の入居者さんにピザを届けたら、同じ若い男の幽霊がいたのです。

でも余計なことを言うのも失礼なので、そのまま帰ってから数カ月経ったある日、同じマンションの別の入居者にピザを届けたら、また同じ若い男の幽霊がいたのです！

さすがに嫌な予感がして、マンションの受付の人に今まで配達した二人の高齢者のことを聞いたら、ピザを配達したあとすぐに亡くなっていることがわかりました。この若い男の幽霊は、入居者に次々にとりついていた死神だったのです。

ピザの配達のバイトはやめたので、三人目にピザを届けた人がそのあとどうなったのかわかりませんが、死神は体が弱っている人に近づきやすいので、高齢者が多いマンションに住みついている可能性は高いと思います。

死神を寄せつけないためには**生命力を高める習慣を身につけること**が大切です。

たとえば、運動や筋トレなどの体を鍛える習慣は健康にいいので、死から遠ざかります。好きな人とデートをしたり、美味しいご飯を食べたりといった楽しい経験をするのもいいでしょう。

元気があってよく笑う人には、死神は近づきにくいはずです。**生き生きと明るく生活することを心がける**ようにしましょう。

お盆に〝水難事故〟が多いのはなぜか

生きている人が亡くなった人のことを思い出すのは、**四十九日までとお盆の時期**です。霊にとって、いちばん気づいてもらいやすい時期なので動きが活発になります。

四十九日まではちゃんと法要をする方が多いと思いますが、亡くなった人をちゃんと弔《とむら》うためには、**お盆もしっかり霊をお迎えする**ことが大事です。

長年、僕が家族と住んでいた家は火事で焼けてしまったのですが、その家が焼ける前までは毎年必ず**「迎え火」**をしていました。

迎えていたのは、中学二年生のときに亡くなったばあちゃんです。

ばあちゃんの霊は、毎年お盆に帰ってくると必ず寝たきりだったじいちゃんのそばに来て、ずっと離れませんでした。霊感がないじいちゃんには、ばあちゃんは見えていなくても、僕には二人が寄り添っている姿が見えました。

ある年のお盆も、例年どおりばあちゃんを迎えたら、じいちゃんの部屋から楽しそうに二人が話している声が聞こえてきたのです。じいちゃんは、ばあちゃんと会話ができるようになったようでした。

そのあとに、じいちゃんが火事で亡くなってしまったので、死期が近づいていたために、ばあちゃんの声が聞こえるようになっていたのでしょうね。それ以降は、お盆に「迎え火」をしても、二人とも帰ってこなくなりました。

じいちゃんが来てくれたから、ばあちゃんは寂しくなくなったのかもしれません。あの世で夫婦仲よくやっていると思うと、僕も安心です。

お盆は先祖に感謝する日

霊は基本的に寂しい存在ですから、自分のことを思い出してもらえるのはうれしいですし、気づいてほしいと思っています。

でも普段、生きている人が死んだ人のことを考えることって、あまりないですよね。自分が生きていくのに精いっぱいですから。生きていくというのは、意識的に死から遠ざかろうとしていることでもありますから、それは仕方のないことです。

それでも一年に一回、お盆に亡くなった人たちのことを思い出す風習があるのは、**ご先祖様や親しかった人のおかげで自分たちが存在していることに感謝する**ためです。

霊もそのことをわかっているから、特に亡くなって数年の間は、**ひとりぼっちで寂しくて誰かに気づいてほしい人ほど、お盆の時期は生きている人たちに会い**

に来るのです。

お盆の時期に突然、家のドアが開いたり、棚からコップが落ちたり、誰かいるとしか思えないようなラップ現象が起きたら、霊が帰ってきたことを知らせる合図。

「忘れないでくれてありがとう」「ここにいるよ。気づいて」というメッセージを伝えているので、怖がったりしないで、「帰ってきてくれてありがとう」と感謝しましょう。

その人が生きていたとき、どういうものが好きで、どういうものを楽しんでいたのかいちばんよくわかっているのは家族や友人です。本人が好きなものをお仏壇に供えたり、思い出話をしてあげたりすると喜びます。

たまに「自分のことを恨んでいる人もお盆に帰ってきますか？　呪われないためにはどうすればいいですかね？」と聞いてくる人もいます。

その場合は、「その人をよくわかっているのは、あなたですよね？」と聞き返します。

申し訳なく思っていることなど心当たりがあるなら、**お仏壇やお墓にお参りして手を合わせて、ちゃんとお詫びしたほうがいい**ですよね。自分が相手の立場になったらどうしてもらいたいか、考えればわかると思います。

「帰る家のない幽霊」が向かう場所がある

お盆の時期は、水辺にも霊がたくさん帰ってきます。

家族や友人に温かく迎えられて、思い出してもらえる霊ばかりではないのです。帰る家がない霊や、人や世の中に恨みがある霊は、生きている人を死に引き寄せることもあるでしょう。

これはライフセーバーをやっている人から聞いた話ですが、お盆の時期になると海水の温度が低くなるときがあるそうです。

彼らは、台風や地震が来ない限り、観光名所の島のまわりを一日一回は泳ぐ、海水遊泳の訓練をしています。

海水の温度の変化もすぐわかるらしいのですが、なぜかお盆の時期に急に冷たくなることがあるそうなのです。気候の影響ももちろんあるでしょうけど、それもやっぱり幽霊が集まってくる影響だろうと思いました。

お盆の時期は水難事故が多く、溺れやすいから海や川に入らないほうがいいと言われています。

それでも海や川に入ってしまう人は、死を恐れていないと思われて、幽霊たちに引きずり込まれることもあるかもしれませんので、くれぐれも注意してください。

Column 2

可愛がっていた「ペット」も霊になるのか

家族同然で可愛がっていたペットが亡くなると、大きな喪失感に包まれます。幽霊でもいいから出てきてほしいと思う人もいるでしょう。僕も、今まで飼ってきた犬が三匹亡くなったのでわかりますが、**実際に霊になる動物はいます。**

たとえば、僕の家が火事になったときに亡くなった「ラガー」というフレンチブルドッグは、一週間後に引っ越した家で幽霊になって現われてくれました。

常に姿が見えているわけではないのですが、ふとした瞬間に存在がわかるのです。生前のラガーはすごく食いしん坊だったので、僕が肉料理を食べていると、明らかに近くで〝獣臭〟がするので笑ってしまいます。

僕と親父にはたまに姿が見えるので、「ラガー」と呼びかけていました。おふくろは霊感がないのですが、一度だけラガーの姿が見えたことがあったらしく、「ラガーがいた！」とすごく喜んでいました。

ただ、ラガーの前に飼っていた「チビ」と「シロ」という犬は、幽霊になって出てきたことはありません。

二匹とも愛情たっぷりに育てて、最期に僕が看取ったときも、まるで「ありがとう」と言われているような、**感謝の気持ちが伝わってくる様子で亡くなったの**で、何も思い残すことがなかったのでしょうね。

それはそれでいいことだと思っています。


あるときは、飼っていた猫が亡くなったという友だちの家に遊びにいくと、そこで猫の幽霊も見ました。

「猫が死んじゃったんだよね……」と友だちが言うのでせっかくだからと、猫の遺影の前で手を合わせて部屋の中を見ていると、その猫の幽霊が当たり前のようにまだその部屋にいたのです。

残念ながら、友だちには見えていなかったようですが、その猫はきっとまだ飼い主の元を離れたくなかったのでしょう。

牛、豚、鳥——動物たちの死後

同じ動物でも、牛や豚や鳥の霊は見たことがありません。それはやはり、知能指数や感情の部分が関係しているように思います。

犬や猫は他の動物と比べると知能指数が高く、飼い主とものすごく深い信頼関係を築いている場合が多いです。

さらに、人間と同じ環境で生活していると野性が失われていって、感情表現するようになるので、亡くなったあとも思いが残りやすいのでしょう。

でも人間から可愛がられて満足して亡くなった動物は、うちで飼っていたチビヤシロのように、亡くなってしばらくすると消えていくようです。

一方で、火事で亡くなってしまったラガーのように、「まだ死にたくなかった。もっと飼い主さんに甘えたい」と悔いが残る動物もいるでしょう。

幽霊になって現われるのは、動物も人間と同じで悲しくて寂しいから。

もしも亡くなった犬や猫の気配を感じたり、幽霊が見えたりしたら、名前を呼んであげたり、好きだった食べものを供えてあげたりすると喜びます。

人間と違って動物の霊の思いは薄く、消えていくのも早いので、あまり心配せず、悲しみすぎず、しっかり供養しましょう。

3章

「生き霊」が味方する人
敵になる人

……誰とどうつきあうかで、
人生の展開が変わる

生き霊には「敵」と「味方」がいます

生き霊とは、読んで字のごとく**「生きている人の霊（念）」**のことです。

そのため、〝魂の残りカス〟のような姿でボーッとさまよっている死霊に比べると、念じるパワーが圧倒的に強いのが特徴です。

生き霊は悪いものと思っている人が多いのですが、決して悪いものばかりではありません。生き霊は、生きている人の思いそのものですから、「憎い」「妬ましい」「殺してやりたい」といった攻撃的な念もあれば、「好き」とか「応援したい」といった好意的な念もあります。

基本的に、**生きている人間の他人に対するプラス感情、マイナス感情が、その**

まま生き霊になると思ってください。

前にも触れたように、僕に見える「いい生き霊」は白い色、「悪い生き霊」は黒い色をしています。どちらも人から飛ばされると自分の魂のようなもの——僕が「霊体」と呼んでいるものに、ベッタリと貼りついてくるのです。

〝いい生き霊〟を飛ばされる人、〝悪い生き霊〟に貼りつかれる人

では「いい生き霊」を飛ばされやすいのはどういう人でしょうか。

これは今の人間関係を考えればわかりますが、人に対してやさしく接したり、親身になって話を聞いたりして、良好な人間関係を築いている人です。

また、芸能界、音楽界、スポーツ界などで活躍している有名人は、多くの人に応援されているので、直接会ったことがない人からもたくさん「いい生き霊」が飛ばされてきます。

「いい生き霊」がいっぱい集まってくる人には、いいことが起こりやすくなりま

す。

仕事がいい方向に進んでいったり、人間関係がよくなったり、健康になったり、人生が好転していく可能性が高まります。

「悪い生き霊」を飛ばされる人は、その逆ですね。普段から人に暴言を吐いたり、罵倒《ばとう》したり、攻撃したり、騙したり……。

他人から恨まれたり、憎まれたりするようなことをしている人は、「悪い生き霊」をガンガン飛ばされて、自分の霊体にベッタリ貼りついています。

すごく身近なわかりやすい例でいうと、たいした理由もないのにお店の店員さんや窓口の人を怒鳴りつけたりするような人は、「悪い生き霊」を飛ばされやすい人です。

「アイツなんだよ！　ふざけんじゃねえよ！」と思われるようなことをしたことがある人は、「悪い生き霊」が自分に貼りついている可能性大です。

では、人のマイナス感情やネガティブな思いを、悪い生き霊としてたくさん飛ばされた人はどうなるのでしょうか。

よくあるのは、体調が悪くなったり、事故にあったり、ケガをするケースです。人間関係や仕事面にも影響が出やすいので、人に騙されたり、陥《おとしい》れられたりすることもあります。

それによって、ますます自分のネガティブな感情が強くなると、悪い生き霊にさらにとりつかれてしまう悪循環にハマってしまいます。

悪い生き霊がたくさんつきやすいタイプか、いい生き霊がたくさん集まってくるタイプか、自分はどちらに当てはまるか、今までの人間関係を振り返りながら、一度よく考えてみましょう。

「いい生き霊」と「悪い生き霊」の見え方の違いとは

僕には生き霊がどう見えているのか、ここで具体的に説明しましょう。

まず、**幽霊は人間の姿をしていますが、生き霊は人間の姿をしていません。**見えるのは、白や黒のぼやっと光っている物体のようなものです。

霊体と生き霊の形を言葉で説明するのはすごく難しいので、次ページにわかりやすくイラストで描きましたので、そちらをご覧ください。

イラストの真ん中あたりにある丸いものが、僕が「霊体」と言っている、その人の心の根っこの部分、魂のようなものです。

■霊体の見え方

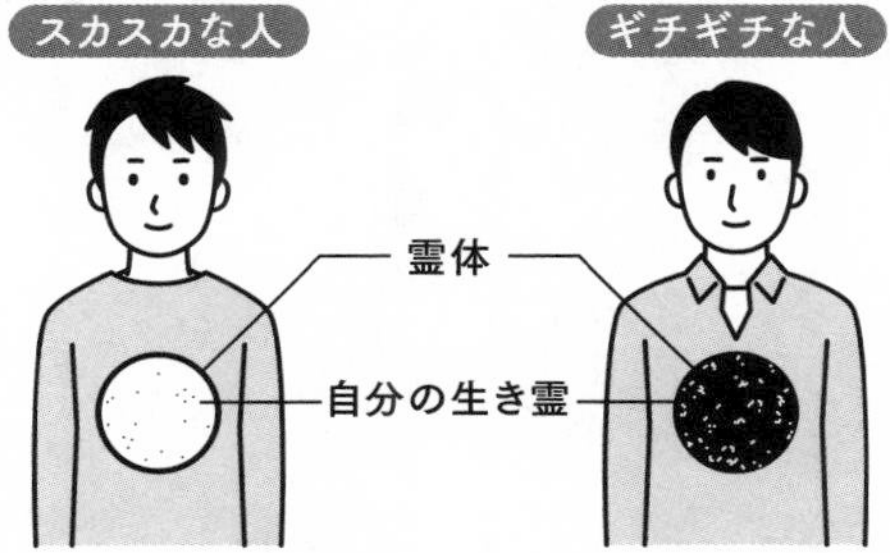

他人の意見に振り回されやすく、
生き霊に入り込まれやすい

自分の意思が強く、
他人の生き霊が入れない

イラストのようにはっきりとは見えませんが、だいたいこういう丸い形状のものの中に、砂鉄のようなザラザラしたものが入っている感じです。

この**砂鉄のようなものが自分の生き霊**になります。

人によってギチギチにびっしり詰まっている人もいれば、スカスカで隙間だらけの人もいます。

その砂鉄のようなものが入っているような霊体に、他人の生き霊がふんわりとくっついていたり、中まで突き刺さったりしているのです。

■他人からの影響の見え方

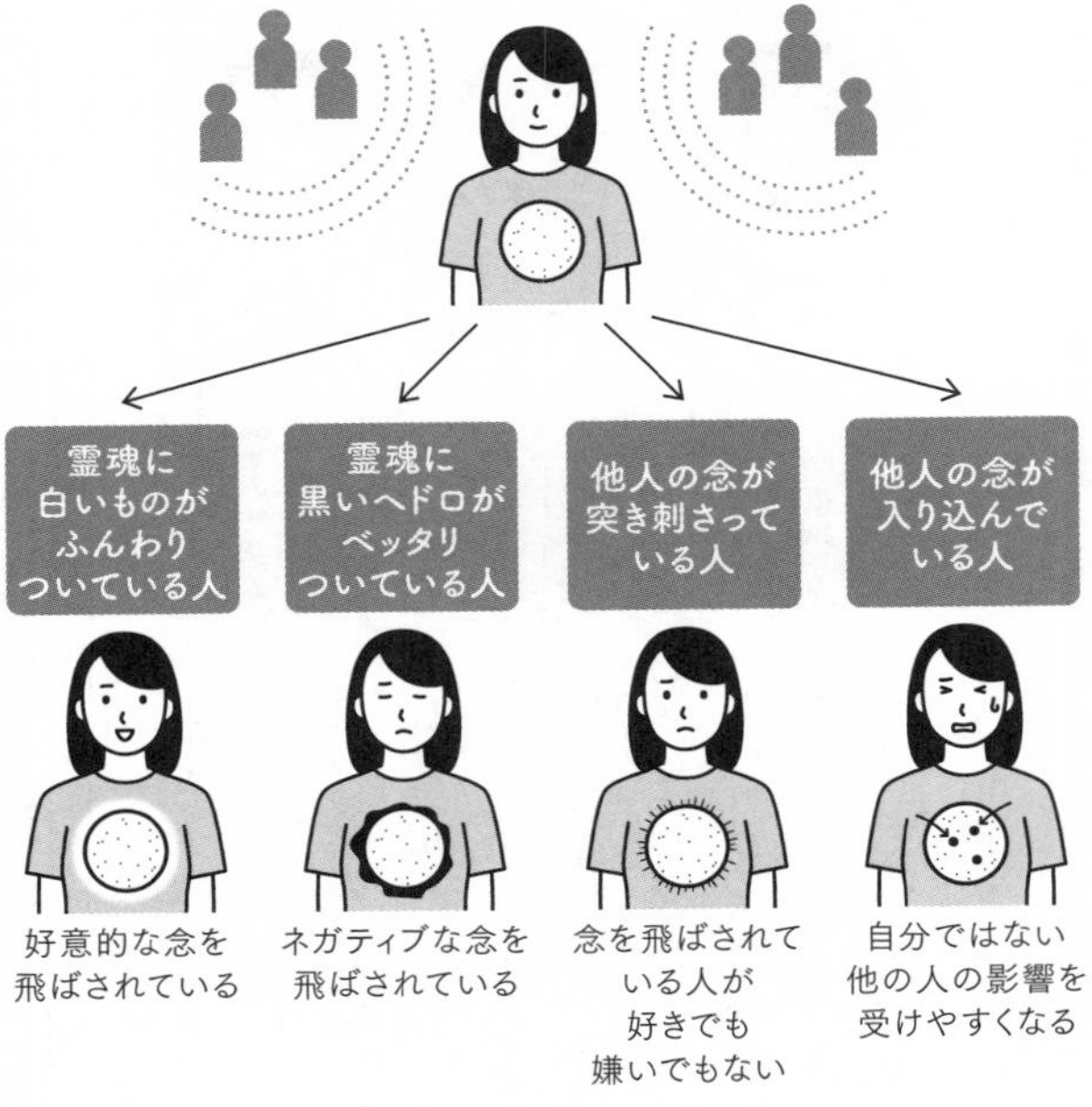
霊魂に
白いものが
ふんわり
ついている人
霊魂に
黒いヘドロが
ベッタリ
ついている人
他人の念が
突き刺さって
いる人
他人の念が
入り込んで
いる人
好意的な念を
飛ばされている
ネガティブな念を
飛ばされている
念を飛ばされて
いる人が
好きでも
嫌いでもない
自分ではない
他の人の影響を
受けやすくなる

自分の生き霊でギチギチであれば、他人の生き霊が入る余地などありません。

しかし、隙間だらけの人だと、自分の霊体の中に他人の生き霊がガッツリと入り込んできて、性格が変わったりすることもあります。

いい生き霊をたくさん飛ばされている人には、霊体に白いものがたくさんついています。

悪い生き霊をたくさん飛ばされている人には、霊体のまわりに黒いものがベタベタと貼りついています。

人の数だけ「霊体」も様々存在している

僕は、霊感を自覚した小学三年生の頃から生き霊を見てきたので、その経験から生き霊の性別もわかるようになりました。性別に関していうと、**異性の生き霊がついている人が圧倒的に多い**です。

でも、経営者や著名人には、同性の悪い生き霊が黒く薄くたくさんついている人もいます。白と黒の生き霊が入り混じってグレーになっている人もいますし、霊体の形がトゲトゲしている人もいます。

霊体も生き霊も、その形や量や色は人によって本当に様々なので、「こんな人はいい」とは一概には言い切れません。それだけ、人の心や人間関係は複雑なのですね。

なかには、生き霊がまったくついていない人もいますし、人から見られることを拒絶するかのように、霊体にシャッターを降ろしている人もいます。

僕のばあちゃんが亡くなる前に入院していた病院で、霊体自体が真っ黒になって死んでいく人を見たこともあります。

たぶん、死を目前にして、走馬灯のように人生を振り返ったとき、憎しみや恨みや悲しみがわーっとあふれてきたのでしょうね。

「こんなに真っ黒になって死んでしまったら、必ず幽霊になって何か恨みを晴らすためにこの世に残るだろうな」と思ったものです。

対面した人から「すごく嫌な感じ」を受けたら……

このように、いろいろな人の霊体と生き霊を見てきたので、対面した人の本心もかなりわかるようになりました。

たとえば、初対面の人に対して、すごく警戒していた人の霊体がトゲトゲしていたのに、しばらく話をするうちにツルンとしてきたりします。それで打ち解けてきたことがわかる、といったように。

その人の霊体の色や形や密度や、生き霊のつき具合で、人との関係性を大事にする人だとか、結構いい加減な人だとか、心の状態が透けて見えるのです。

もちろん、霊体も生き霊も、わかりやすい人とわかりにくい人がいるので、誰でもきれいに見えるわけではありません。

仕事でよく芸能人を霊視することがあるのですが、芸能人はついている生き霊の量が多く霊体の状態も比較的わかりやすいので、説明しやすい人が多いですね。

経営者や異性にモテる人も同じで、パッと見ただけで霊体や生き霊の状態がだいたいわかります。

ごくまれに、会っただけでとてつもなく怖く感じる人もいます。

以前、仕事関係者に紹介してもらった、ある企業の偉い人がそうでした。

その男性は、「おう、はやともくん、よろしく！」と明るく挨拶をしてくれて、表向きはいい人風でした。でも会った瞬間、「うわ、近くに座りたくない」と、霊視もしてないのに引いている自分がいました。

握手を求められ、一瞬渋ってしまったほどです。じわーっと嫌なものが伝わってくるような感じを受けたのです。

とはいえ、すぐに帰るわけにいかないので、二時間ほど我慢して一緒に食事をし、最後に「俺の生き霊も見てくれよ」と言われたので霊視してみました。

そしたら――**「自分以外の人間は全員ゴミ」**と思っている人だったのです！

広い世の中、そういう人は他にもいるでしょうし、「自分以外の人間は全員ゴミ」だと思って、い、る、だ、け、だったら別にかまいません。けれどその人は権力を持っていて、思ったことを実行に移していたのがわかったのです。

彼の霊体のまわりには、見たこともないほど強い恨みや憎しみを持った、老若男女の生き霊がたくさん、ヘドロみたいにまとわりついていましたから。

ところが、その人自身の霊体は、ドス黒い砂鉄がぎっちり詰まっていたので、中へと入り込めないヘドロが体から飛び出していて、近くにいる人にまで貼りつこうとしていたわけです。

だから、隣にいるだけでも気分が悪くなるほど嫌だったのですね。そして、仕方なく握手したときに、ゾワーッと寒気がしたのです。


原因がわかった僕は、我慢ができなくなって、その人がトイレに立ったときに、「ごめんなさい。あの人とは二度と会えないです。今日はこれで失礼させてください」と、紹介してくれた人に正直に言いました。

たとえ霊感がなくても、**会った人から「すごく嫌な感じ」を受けたら、そう感じてしまう原因が必ずあるはずなので、なるべく近づかない**ようにしましょう。

生き霊が教えてくれる「男女関係のコツ」

生き霊が見えると、「知らなくてもいいこと」や、「知らないほうがいいこと」までわかってしまいます。

死霊のときもそうでしたけど、特に、びっくりさせられることが多いのは男女関係です。恋とか愛というのはすごく複雑だなと、日々学ばせてもらっています。

ただ、その中でもはっきりしているのは、**男と女は異性に対する感情の動きがまったく違う**こと。

わかりやすいのは不倫で、男性は体の不倫、女性は心の不倫をしている人がほとんど。生き霊を見るとその違いがよくわかります。

男女それぞれの「生き霊のつき方」の違い

男性の場合、自分の霊体の中にちゃんと妻がいて、霊体のまわりに、不倫相手の生き霊がペタペタくっついたり、霊体の中に突き刺さったりしています。

くっつき方や刺さり方は、その男性が不倫相手に対してどれだけ心を許しているかの違いで変わってきます。

たまに体の関係が欲しくなったときだけ会っている程度の、100%体だけの関係だと、相手の女性の生き霊はその男性にただくっついているだけです。

不倫というより、ただの浮気相手ですね。

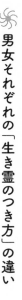

男性の霊体の中に女性の生き霊が突き刺さっている場合は、くっついているよりも、もっと深い関係になっているので、妻と別れる気はないけれど少し揺らいでいることがわかります。

いずれにしても**男性は、異性の生き霊の区別がつきやすい**ので、誰が本命で誰が遊びかわかりやすいです。

女性は反対に、見分け方が難しいのが特徴です。

たとえば女性の既婚者には、霊体の中に男性の生き霊の砂鉄が点々と入っていて、まわりにも生き霊が点々とついていることがよくあります。

しかし、霊体の中に入っているのが夫ではないケースも少なくありません。中に入っているのは、不倫相手の人や好きな芸能人の人もいます。

その芸能人とは会ったことさえないのに、自分の中で妄想《もうそう》をふくらませて、「自分のことを愛してくれている人」という偶像を勝手に作り上げてしまっているのです。

いわば想像妊娠みたいなもので、好きな芸能人との妄想恋愛にハマっていて、**その人の生き霊も自分の中で勝手に作り上げているような人がいる**のです。

もちろん、夫婦仲がいい人は、しっかりとパートナーの生き霊が入り込んでいることもありますが、それほど数は多くありません。

このような男女の生き霊のつき方の違いを見ると、特に不倫の場合、女性のほうが相手に対する思い入れが強くなるので、捨てられたときの恨みも深くなっているのがわかります。

男性は体だけが目的で、飽きたら捨てればいいと思っていても、女性のほうは心を持っていかれているので簡単にはあきらめられず、相手の男性にへばりついている生き霊がたくさん見られます。

ただ男性の場合はプライドが高いので、好きな女性にフラれたことに対して逆恨みしてストーカーになる人もいます。

この場合、男性の恨みや憎しみの生き霊が、相手の女性の霊体に貼りついたり、入り込んでいったりするので、女性は精神的に不安定になっていきます。

他にも以前、男性と女性の生き霊がごちゃ混ぜに入っている人にもお会いしたことがあるのですが、あとで話を聞いたら、その方はバイセクシャルだったので納得したことがありました。

男女関係はこのように、複雑極まりない世界ですが、最近は異性の影がまったく見えない人も増えてきたと感じています。

「私、旦那さんとうまくやっていけますか?」「彼氏とうまくやっていけますか?」と聞いてくる人に、まったく男性の生き霊が見えないことも……。

よくよく話を聞いてみると、どうやらまだ異性と一度もつきあったことがないらしい……という人も結構いますね。

いろいろなパターンの男女関係を霊視してきて、バランス的に理想だと思うのは、**パートナーとほどよい距離感でいること**です。

男性も女性も、相手にそこまで深く入り込みすぎず、お互い軽く突き刺さっている程度で、つかず離れずにいるのがちょうどいいように思います。

男女関係に限らず、人づきあいが上手な人は、相手に感情移入しすぎることや影響を受けて振り回されることもなく、一定の距離を置いてつきあっている人が多いです。他人に依存したり、期待しすぎたりすることもないので、ほどよい距離感を保てるようになるのでしょう。

どんな人が「生き霊にモテる」か

生き霊というのは、よくも悪くも**誰かに思われている人につきます**。誰からも何も思われていない人は、生き霊の影ひとつ見えません。

誰にとっても気にならないのは、ある意味、無視されている存在とも言えるので、そう考えると、一人でも二人でも自分のことを意識してくれる人がいたほうがいいですよね。

そこで、僕が今まで見てきた人の中で、特に生き霊にモテモテだった人たちの特徴を三つお伝えしたいと思います。

まわりが無関心な人は、嫌われている人よりモテない

まず一つ目、わかりやすいところから説明すると、**「人から興味関心を持たれている人」**です。

人から見て興味関心の対象になるのは、これもわかりやすい例をあげると、誰もが認めるほど飛び抜けてやさしい人、飛び抜けて格好いい人や可愛い人ですね。

生まれ持った性格や容姿は、誰でも真似できることではありませんが、これはまぎれもない事実です。人間というのは、性格や見た目がいい人に自然と興味関心が向くようになっているのです。

この特徴についてひとつ補足すると、見た目が格好いい人や可愛い人が、必ずしも好意的に思われるわけではなく、嫉妬や妬みといったマイナス感情の生き霊がつく可能性もあります。

これは、**好きと嫌いは表裏一体**で、何かのきっかけですぐに反転するほど、とても近い感情だからです。

少女漫画の世界によくあるように、最初はケンカばかりで気が合わないと思っていた男の子と女の子が、お互いのことが気になってだんだん好きになっていくというあのパターンと同じです。

好きでも嫌いでも「気になってしまう」のであれば、その人に興味関心がある証拠なのです。

実際、特別に性格がいいわけでも、格好よくも可愛くもない人でも、まわりが思わず気にしてしまう人もいます。

芸人の世界にはそういう人が多くて、見た目ではなく、何かひとつでも自分をアピールするのがうまい人は、まわりが興味関心を持ちやすくなります。

やたら声がデカい人とか、ボケてる人とか、その人が自分にとって短所と思うようなことでも、アピールの仕方で長所になることはよくあります。

一方で、いちばん目立たないのは、「自分はこういう人間」というのがはっきりわからない人。

別に面白いことを言ったり、特別なことをやったりする必要はないのですが、まわりが無関心な人は、人から嫌われている人よりもモテるのは難しいです。

「オレはオレ」と自分を信じられる人

生き霊にモテる人の二つ目の特徴は、**「人間味がある人」**です。

ごくまれに、まったく人間味がなくてもモテる人はいますが、かなりレアケースなので、ここでは一般的な特徴について書きます。

「人間味がある人」というのは、「人間らしい生き方をしている人」のこと。自由気まま、自分の思うがままに、やりたいことをやって生きている人です。

誰に説教されようが、常識外れだと言われようが、「オレはオレ」「アタシはアタシ」と、**自分の信じる道を突き進んでいく**。そんな風に自分に正直に、感情がおもむくまま本音で生きている人は魅力的に見えるので、まわりの人から支持されたり応援されたりしやすいのです。

こういうタイプは、音楽や芸術の世界にいる人に多い気がします。

あなたが魅力的だと感じている人を頭に思い浮かべてみると、こうした特徴が当てはまる人がいるのではないでしょうか。

他にやりたいことがあるのに我慢して望んでいない職業に就《つ》いて、いつも愚痴《ぐち》や不満ばかり言っているような人は、あまり魅力的とは言えません。

何かひとつでも生き方が突き抜けている人に興味を持つ人はたくさんいますが、何もかも中途半端な人のことが気になって仕方がない人は、まずいないでしょう。

もしもあなたが、自分らしさを出せずに生きていると感じたら、利害関係のない後腐《あとくさ》れのない人の前で、一度ありのままの自分をさらけ出してみるといいと思います。

「私は人間的に魅力があるんだ！」と思い込むこと

最後の三つ目の特徴は、**「自分に自信を持っている人」**です。

これは、人に興味関心を持ってもらえたり、人間味ある生き方をしていたりする人に共通する条件ですが、モテる人は自分に自信があります。

たとえば、いいときも悪いときも今まで経験してきたことを全部ひっくるめて、自分のことを認められる人。自分のことを卑下《ひげ》しない人。自分の失敗や苦労を人のせいにしない人。何があっても自分を信じて、自信を持って生きている人。

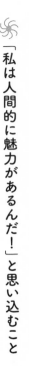

こういう人は人間味もあって、まわりが興味関心を持ってくれるので、異性からも同性からも間違いなくモテます。生きている人間にモテるということは、その人たちの生き霊がついて応援してくれているということです。

芸人の世界は特に、自分のコンプレックスも失敗もすべてさらけ出して、自信を持って活躍している人が多いので、そういう人たちはみんなモテモテですね。

一般の方でも、「資格はいっぱい持っている」「ラーメンの食べ歩きは誰にも負けない」「節約術ならまかせて」「婚活の話ならいくらでもできる」など、これだけは自信があると言える人もいると思います。

何もなかったとしても、**「私は人間的に魅力があるんだ」と自分に思い込ませ**て人と接していれば、そのうち人が集まってきます。

大事なことは、「自分はダメだ」「自信なんてない」と思わないこと。

モテたい、とまで思わなくても、魅力のある人になりたいと思ったら、まずそこからはじめてみてください。

「悪い生き霊を跳ね返す」方法

人とケンカしたり、恨みを買うようなことを言ってしまったりすると、悪い生き霊を飛ばされることがあります。でも、どんなに悪い生き霊を飛ばされてもビクともしない人と、精神的にどんどん参っていく人がいます。

その違いもやはり「自信があるか、ないか」が関係するのですが、**自分の霊体の中にある砂鉄のような粒がスカスカの人は、悪い生き霊の影響を受けやすい**のです。

そういう人は、自分よりも人のことを気にして必要以上にやさしくしたり、自分は我慢してでも人のために動いたりします。

一般的に見ると「いい人」と言われるようなタイプの人は、自分の欲望や欲求を抑え込んでしまう人が多いのです。そうすると、霊体のパワーが弱まるので、まるでウイルスのように他人の生き霊が中に入ってきて侵食するのです。

それがいい生き霊だけだったらいいのですが、人間は基本的に、マイナス感情のほうが強い生き物。人間はいいことよりも悪いことに引っ張られやすく、他人より自分のことが大事な人のほうが多いです。

ですから、人のためにがんばっていいことをしている人がいると、その善意につけ込んでくるような悪い生き霊がいるのです。

他人に生き霊を飛ばすような人は、それだけパワーがあるわけですから、「コイツ、お人好しで使い勝手がよさそうだ」「自分に都合よく動いてもらおう」といった悪い目的で入ってこられると、どんどんそっちに引っ張られていってしまいます。

知らないうちに他人の生き霊に支配され、人生が狂わされていくこともあるのです。

霊体の粒をギッシリ詰まらせるには

では、どうすれば自分の霊体の粒をギッシリ詰まらせることができるのか。

誤解を恐れずにいうと、**自分の欲望や欲求のままに強欲《ごうよく》に生きて、一度決めたら誰がなんと言おうと簡単にはあきらめず強情に生きること**です。

なぜなら、「お金持ちになりたい」「有名になりたい」「モテたい」といった欲望に従って生きるのは、何よりもまず自分を優先することになるので、霊体にも自分の思いの粒がどんどん詰まって強くなるからです。

僕が二度と会いたくない、霊体がドス黒かった会社の偉い人もこのタイプですが、恨みを買っている悪い生き霊の多さも尋常じゃありませんでした。

要するに、強欲で強情で他人にひどい仕打ちをしてまで自分の欲望を叶えてきたような人には、悪い生き霊もいっぱいくっついてくるのです。

ですから、**欲望のままに生きるとしても、他人の恨みを買うようなことはしないように**気をつけましょう。

人から嫌われることなく、霊体を強くするコツ

そうはいっても、「強欲強情に生きるなんて自分には無理」「そこまでして強くならなくてもいい」「そんな嫌な人間になりたくない」と思う人もいますよね。

そこでもうひとつ、人から嫌われることなく自分の霊体を強くする方法を教えましょう。

僕が今まで見てきたなかで、**強い霊体を持っている人は例外なく「勉強家」**です。勉強とひとくちにいってもいろいろありますが、基礎的なことでいうとまず「学力が高い点」があげられます。

親や先生から「勉強しなさい」と言われるのは高校生くらいまでで、それまではほとんどの人が基礎学力をつけるための勉強をしています。

問題はそのあとで、入る大学のレベルでも差がつきますし、大学を出たあとでも、**自発的に勉強しているかどうかで、自分の強さが決まる部分が大きい**のです。

社会人になっても本を読んだり、頭がいい人の話を聞いたり、知識を吸収する努力をしたりしている人は、他人の影響を簡単には受けなくなります。

これはあくまでも僕の考えですが、人間は何をするにも、脳を経由してから物事を考えて判断するので、知識が脳にパンパンに入っている人は、感情よりも先に「つまりそれってどういうことだっけ？」と理屈で物事を考えるようになります。すると、簡単に他人の影響を受けにくくなるんですね。

ここでちょっと考えてみてほしいのですが、人生の幕が閉じるときに、「今まででできる限りやりたいことをやってきたから、まあまあ満足できる人生だった」と思うのと、「人のためだけに生きてきて、自分がやりたいことは何もできなかった」と思うのと、どちらがいいでしょうか。

きれいごとを抜きにすると、ほとんどの人が前者ではないでしょうか。

僕自身、「あの人にもこの人にもやさしくしてあげた」と思って死ぬより、「大好きなお笑いの世界で仕事ができた。夢だった吉本の舞台にもたくさん立たせてもらった」と思いながら死んでいくほうが、幸せだと思っています。

自分がやりたいことをやるためにも、勉強は欠かせません。突然、誰かすごい人が目の前に現われて、あなたがやりたいことをエスパーのように察知して、自動的に夢を叶えてくれるわけではないですよね。

であれば、どうすればやりたいことを実現できるかを考えて、必要な知識を身につけ、一つひとつやるべきことを実行していくしかないのです。

「やさしいこと」がいいわけではない

もうひとつ心霊的な話をすると、死後に怨霊になるのは心がやさしい人が多いです。

生きているうちに悪いことをしたり、人に迷惑をかけていたりしたような悪人が、怨霊になるようなイメージがあるかもしれませんが、逆なんですね。

そういう人はある意味、やりたい放題やって生きてきたわけですから、すべて自業自得《じごうじとく》だと思えます。

でも自分を押し殺して、「あなたのためにがんばりました」「私っていい人でしょう?」と思って、人に合わせて生きてきた人ほど、死ぬときに「自分のために」誰も何もしてくれなかった」現実を叩きつけられると、心が壊れてしまうのです。

そして、そのまま亡くなってしまうと、世の中や人に対する強い恨みや憎しみが残るので、怨霊になりやすいのです。

ですから、心根がやさしい人もまずは自分第一に考えて、**やりたいことをある程度やったあとで人にやさしくしたほうが精神的に安定して霊体も強くなります。**

お笑い芸人の霊体が強いワケ

僕がお笑いの世界に入っていちばんびっくりしたのは、**先輩芸人さんたちの霊体がとても強い**ことです。人気がある人はモテますし、ファンも多いので、生き霊が体からはみ出るほどいっぱいついています。

お笑いの世界は自分を落としてナンボの世界なので、気が弱くてやさしい人は幽霊につかれやすい傾向もあります。

それでも基本的に、みなさん自分に自信があるので、変なことにはなりません。

普通は、太っていたり禿《は》げていたりすると、見た目のことでコンプレックスを感じてしまうことがありますよね。でも芸人は、人より劣っているコンプレックスこそネタにして、自分を落とすことで笑いがとれます。

自分のことはいくらバカにされても、いじられても、いっぱい笑ってもらえればそれでいいと思っている人たちばかりです。

もっといえば、離婚されても、ギャンブルにハマっても、よっぽど悪いことをしたり法律を犯したりしない限り、人生すべてネタにすれば笑いをとれて自信になるので楽なんです。

こんな職業、他にありますか？　だから、芸人はめったなことでは幽霊につかれませんし、生き霊がどんなに貼りついていても平然としていられるのです。

売れっ子芸人は〝いい生き霊〟をたくさん連れている！

もっというと、生き霊をたくさん引き連れている人ほど超売れっ子です。

笑福亭鶴瓶さんは、遠くから見てもわかるほど〝いいもの〟がついている方で、ファンの生き霊はもちろん、亡くなったファンの霊も大量についていました。亡くなった霊にもあんなに愛されている人は、他に見たことがないので、鶴瓶さんはかなりレアケースです。

こういったように、**好意的な生き霊がたくさんついている人は仕事も順調**です。他の芸人さんたちも、ファンに喜んでもらえれば何でもありだと無意識にわかっているのでしょう。

僕が霊視するとき、「何か言わないほうがいいことありますか？」と念のために聞いても、「なんでも言ってくれていいよ」と必ずみんな答えてくれます。

俳優、ミュージシャン、アイドルなど、芸能界で他の仕事をしている人からは、「恋愛関係のことは言わないでください」「結婚の話はやめてください」とよく言われるのですが、芸人さんからNGの話題を言われたことはありません。

つまりそれだけ、何を言われても全部ネタにするし、笑い飛ばせばいい、という覚悟ができているのです。そこまで自分を下げても自信を保てるというのは、霊体にも相当強いパワーが働いているのは間違いありません。

霊体をコントロールできる人がいる⁉

芸人さんの中には、自分の霊体を操《あやつ》ることができる人も結構います。いちばんはっきりわかったのは、ライセンスの藤原一裕さんですが、普段はわりとはっきり見えている霊体が、本番が始まった瞬間に〝キューッ〟と小さくなるのです。そして自分の霊体のまわりに、もう一個、別の自分の霊体みたいなものが現われます。

これは俳優さんや、テレビタレントにもよくあるケースですが、**他人（視聴者）から求められている自分のイメージにスイッチを切り替えると、霊体もすり替わる**ようです。

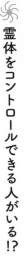

売れてない芸人さんの中にも、まわりに求められる言動をとってひたすら芸を磨いていくと、笑いもとれて自信がついてきて、売れていくことがあります。

これはもはや職業病だと思いますが、霊体を切り替えることが自信につながるのなら、まだいいです。僕が心配なのは、会社で働いている間は自分を押し殺して、上司や取引先が求めている霊体に無理矢理すり替えて仕事している人たちです。

人間は「主観」の生き物ですから、「自分がどう思うか」「自分がどうしたいか」といった「自分軸」の考えや思いを押さえつけることほど、ストレスになるものはありません。

100%人に合わせて仕事をすることが、自分のメリットになるのは、芸能界で働いている人たちくらいではないでしょうか。

ですから僕は、会社勤めしている人も基本的にテレワークに移行して、上司や同僚の目を気にすることなく仕事ができるようになったほうがいいという考えです。

「まわりがこうしてほしいと思っている自分」を、会社という狭いコミュニティで作り上げている人は、本来の自分がやりたいことを見失ってしまいますから。

そのうち本来の自分と、周囲が求めている自分の境目がわからなくなって、やろうと思っていた夢や希望までよくわからなくなります。

最悪、「いったい自分は何のために生きているんだっけ？」となったら、霊体も自分が自分でないような偽物になってしまいます。

逆にいうと、**仮面をかぶる必要もなく、言いたいことを言えて、やりたいことをやらせてもらえる会社は、自分にとってもいい会社**だということです。

あなたが今勤めている会社はいかがでしょうか？

まわりに合わせすぎていると、自分の霊体がどんどん弱くなっていきます。

転職や副業を考えるときは、自分が自分らしくいられる仕事を選んだほうが霊体も強くなれるのです。

「霊体の形」で、ここまで運気が変わる

先ほどお話ししたように、芸人さんは、ファンのニーズに合わせてもう一人の自分になりきることができますが、**自分の霊体自体を空っぽにしている**芸人さんにも会ったことがあります。

そんな人ははじめてだったので、「なんでなんだろう?」と考えてみました。

これはあくまでも僕の推測ですが、世間はその人に芸能人としての〝突出したキャラクター〟を求めているため、「〝素《す》の自分〟はもう必要ない。自分を完全に消して、人に求められているキャラクターを徹底的に演じ切る」と決めたのだろうと思います。

その方は、もともとライターをされていたこともあって、物事を客観視したり、人の立場になって考えたりする視点がずば抜けています。テレビでどんな発言をしても許されるし、かといって、いやらしさなどまったく感じさせない、安心して見ていられる存在なのです。

それはきっと **〝自分のエゴ〟を完全に消しているから**でしょう。そこまでの覚悟を持って、みんなを楽しませることに注力している方は見たことがないので、本当にすごい人だと思います。

鉄球のような霊体、空洞になっている霊体……

もう一人、見たことのない霊体でびっくりしたのは、ある女性の政治家です。

僕はその方の記者会見に、女性週刊誌の記者についていって一度だけ忍び込んだことがありますが、**霊体が無機質**だったのです。たとえていうなら、ピッカピカに磨いた泥団子のような、もっといえば鉄球のような状態ですね。そこにいくら他人の生き霊が飛んできても、つるーんとすべるからくっつけない。

むしろ、自分に都合が悪いものを全部振り落とすような、固さと冷たさと強さを持った魂の方だと感じました。おそらく誰かに「死ね」と言われても、スルーできるでしょう。

タレントのマツコ・デラックスさんの霊体も変わっていました。空洞になっているのです。だから、生き霊もその中をすり抜けていきます。空洞は何もないのと同じなので、霊もつきようがないのです。

それもある意味、誰からも何の影響も受けない強靱《きょうじん》な人だと言えますが、先ほどお話しした女性政治家のほうは、極端にいうと機械と同じでした。

人間らしい感情や気持ちがまったく感じられず、唯一見えたのは、どうすれば総理大臣にのしあがっていけるだろうか？　と考えている出世欲だけ。

どうすればあのような霊体になるのか、僕には想像がつきませんが、日本の保守的な政治の世界で女性が闘っていくためには、鉄のように冷徹にならないとやっていけないのかもしれません。

今まで見たなかで、他にインパクトがあったのは、元ＩＴ企業創業者で、今は大規模なオンラインサロンをベースに活動している某実業家の霊体です。

この方を嫌っている人は多く、ヘドロのような生き霊がたくさんついています。でも言っていることが意外とまともだったり、やっていることが面白かったりするので、**最初は攻撃的だった生き霊たちがその人のファンになっていく**のです。

実際、その実業家を応援している人たちにも何人か会いましたが、最初はアンチだった人が多いのです。

前にも触れたとおり、好きと嫌いの感情は表裏一体なので、すぐひっくり返ることを、この実業家はよくわかっているのでしょう。

だから、ヘドロのような批判や攻撃を受けても平気で、むしろもっと注目してもらうために炎上するようなことを言っている印象を受けます。

ただこれは、世の中からの認知度も高いこの人だから成立することです。

一般の人が炎上商法でヘドロを増やして、人気度を高めようとしても、ただ嫌われて終わるだけの可能性大ですから、けっして真似しないでくださいね。

なぜ、あの人は成功していても「妬まれない」のか？

僕が霊視できることが広く知られるようになってから、経営者や成功者と言われる人たちとも会う機会が増えました。その経験からわかったのは、**本当に大きな成功をおさめている人ほど、権力やお金をふりかざさない**ということです。

たとえば、売上げや総資産額がケタはずれに多いような会社の社長さんに会うと、権力やお金よりも信念を大切にして経営をされています。そして、そういう経営者には、信頼が集まります。

権力やお金に頼らなくても、人の信頼が集まってくるので、まわりで支えてくれる人たちのおかげで事業を進めることができるのです。

「これだけお金をあげるから働いて」と言って人を動かしても、「金の切れ目が縁の切れ目」というように、お金がなくなれば人は動いてくれなくなります。

でも、人と信頼関係を築いていれば、自分がやることに共感してくれる人たちが協力してくれて、その結果、経営も上向いていきます。

経営が上向けば、当然、収益も上がるわけですから、入ってきたお金を働いてくれた人たちに還元できるわけです。

「徳を積む」という言葉がありますが、大きな会社を経営している人ほど「この方は本物だ」と思う人が多くて、みなさん無意識のうちに徳を積まれています。

人との信頼関係を築き、社会や人の役に立つことを考えて、入ってきたお金は支えてくれた人や協力してくれた人にしっかり還元する。

そういったことを当たり前のようにやっている方は、権力やお金ではどうすることもできない人徳を得ていて、その人徳を他者にも分け与えることで事業を拡大しているのです。

ただ、残念ながら、人徳どころか悪い生き霊をたくさん飛ばされている経営者や実業家のほうが、圧倒的に多いのも事実です。

そんなにいうほど有名な企業ではないのに、偉そうな態度をとる社長などに会うと、100%といってもいいほど誰かしらから恨まれています。

霊体を見ると、まわりに黒い生き霊がベチャベチャ貼りついていたり、ぐちゃぐちゃ動き回っていたりするのが見えます。そして、そういう方のほとんどは、自分が恨まれていることを自覚しています。

僕と挨拶して少しお話しして、生き霊チェックをはじめた瞬間に、「悪いことは全部言って」とおっしゃる方がすごく多いのです。悪いことを言われるのを待っているというか、言われて当然だと思っているのでしょうね。

さらに興味深いのが、**どんなに悪いことを言われても、みなさん動揺したり傷ついたり落ち込んだりすることもなく、わりと平然としている**ことです。

それはおそらく、自分が人から恨まれるようなことをしたり、妬まれたりしていることがわかっているからでしょう。

そのうえ自分が悪いこともわかっているから、僕がどんなに悪い話をしても「ああ、やっぱりね」と確認している感覚なのだろうと思います。

そういう方には、僕も見えたことをはっきりと言うようにしています。**自分に非があると自覚している人は、改善できる余地がありますから**ね。

本当の成功を手に入れたいなら、自分を疑う視点を持つこと

問題なのは、人に恨まれていることに気がついていない人、自分が悪いと自覚していない人です。そういう人は、いくら大きなことをやろうとしても、なかなか成功できない人が多いのです。

もちろん、人生全体を通してみれば、完全な失敗というのはないかもしれません。それでも、経営がうまくいっていない人は、僕が霊視した範囲でわかった悪

いことを言うと傷つく人が少なくありません。

それは、**「自分は間違っていない」と思い込んでしまっている**からです。自分がいちばん正しいと思ったまま間違った方向に進んでいくと、何が起きても自分以外のせいにしがちなので、ますます恨みを買って悪循環が起こります。

そんな「裸の王様」にならないためには、**常に「自分は間違っていないか?」と自分を疑ってみる視点を持つ**こと。

人が何か新しい事業をはじめるときは、「社会の役に立ちたい」「人が喜ぶことをしたい」など、何かしら徳を積むようなことを考えるものです。でも、だんだんとその思いを後回しにしていく人が多いのです。

そして、「きれいごとだけではやっていけない」「有名な経営者だって人徳者とは言えない」「自分は家庭環境に恵まれなかったから」など、いろいろな言い訳をして、目先の損得や権力を手に入れるためにできることを優先しはじめます。

権力やお金にだけこだわっても、自分を信頼してくれる人がいなければ、限界がくることは目に見えているのに、現実を見ようとしないのですね。

一人で自由気ままにやる仕事なら別ですが、他人と協力して何かをやっていく以上、誰からも一ミリも悪意を持たれないことなどありえません。

成功している人は、そのことがわかっています。だから、自分のことを悪く思っている人たちの何十倍、何百倍もの徳を積んでいるのでしょう。

悪い生き霊が飛んできても、それを抑え込むほどいい生き霊がたくさんついていれば問題ないのですから。

それは、たとえ経営者でなくても、覚えておいたほうがいいと思います。

人のことを恨めば恨むほど自分は弱っていく

僕に会う人は、「自分に生き霊がついていないか見てほしい」という人が多いのですが、たまに、**「自分が誰かに生き霊を飛ばしていないか見てほしい」**と聞いてくる人もいます。

誰かをものすごく好きになったり、逆に強い恨みを持ったりすると、誰でも生き霊を飛ばしてしまう可能性はありますが、残念ながら僕はそのことについては判断できません。

ただ、知っている人の生き霊はなんとなく認識できるので、誰かについているのを見ると、「あの人はこの人のことが好きなのか」とわかることもあります。

合コンの場で参加者の生き霊を見ると、誰が誰を狙っているかがわかりますし、誰と誰がマッチングしているかもわかります。

生き霊についてはたまに、「憎い相手を呪って復讐《ふくしゅう》するためには、どうしたらいいんでしょうか?」という怖い相談を受けることもあります。

僕にはそんな方法はわかりませんが、そこまで強い恨みがあるなら、すでにその人は生き霊になって相手についている可能性大です。

悪意が強い生き霊につかれると、具合が悪くなったり、仕事がうまくいかなくなったり、何かしら悪い影響が出るものなので、もう呪いはかかっているも同然。けれども、他人に対してネガティブな念を飛ばし続けていると、自分のエネルギーもそっちへ持っていかれてしまいます。

しかも、相手の霊体がギッシリ詰まっていて、他人の生き霊を跳ね返すような場合は、復讐するどころか自分が疲れてしまうだけ。要するに〝恨み損〟になるわけですね。

それに、相手のやった行為に対して恨みがあるということは、**自分の人生は未来ではなく過去に縛られて閉じていっている**ことでもあるのです。**終わった時間に縛られるのは、死に近づいていくこと。**復讐心は、自分が空っぽになるまでエネルギーを使い果たすことにもなるので、人を恨むのは、それだけ自分にとってもマイナスになることなのです。

人を恨むことにはエネルギーがいる

一方で、「自分が恨んでいた人が不幸になってしまったのは、自分のせいでしょうか？」と相談してくる人もいます。

でも相手がどういう状態なのかわかりませんし、仮に相手の方を霊視したとしても、相談者の生き霊がどれだけ悪影響を与えているのか、僕にはわかりません。

もしも、「呪い殺してやりたい」というほど強い悪意があったのなら、相手の命にかかわるような不幸を引き起こすこともありうると思います。

そうなると呪った人は、「あの人の不幸は自分のせいだ」と一生気に病むようになるでしょう。そんな罪悪感を抱えて生きていくことになったら、とても幸せな気分になんてなれませんよね。

だからといって、「人を恨んだらダメです」とか「人を憎むのはよくないです」とか、きれいごとを言うつもりはありません。

けれども、**人を恨むのは自分にも大きな負担がかかるため、それ相応の覚悟がいる**ことだけは知っておいてほしいのです。

そこまでして憎みたくなる人って、そうそういないですよね。もし憎いと思う人がいても早めに気持ちを切り替えたほうが、結局は自分のためになるのです。

Column 3

地縛霊、水子の霊――「本当にヤバい霊」は？

地縛霊と聞くと、自殺した人や無惨な死に方をした人の怨霊がその場所にしがみついている、といったイメージがあるのではないでしょうか。

実際、たとえば事故物件と言われる部屋や建物には、自殺した人、殺された人、孤独死した人の霊が居座っている確率は高いです。でも、同じような死に方をした人がみな必ず地縛霊になるわけではありません。

孤独死した人だって、テレビを見て笑いながら突然死したかもしれませんよね。自殺した人も、必ずしも恨みや怨念を抱いて死んだとは限りません。

たとえ事故物件であっても、そこで亡くなった人がいただけで、そのあと何人も入れ替わりで住み続けて、特に問題ない場合もあります。**気にならない人は、気にしないでいい**のです。

ちなみに、僕が今、家族と住んでいる部屋も事故物件で、内見のときに女性の幽霊がいましたが、小学生の頃から霊には慣れっこなので気になりません。

ただ、大勢の人が同時期に、大きな苦しみや悲しみの中で死んでいった場所には、地縛霊がずっと留まり続けている可能性が高いので注意が必要です。

「忌み地」――住んではいけない土地

地縛霊については、以前かなり深刻な相談を受けたことがありました。

僕は、心霊相談が来てもなかなか返事ができないのですが、以前、ある女性の方から相談が来たときは、「これはさすがにヤバいかも」と思ってすぐに返事をしたほどです。

その方の話によると、「引っ越した家で、娘が壁に頭をガンガン打ちつけるようになり、うつ病になってしまった。責任を感じた夫が自殺未遂を起こして入院してしまった。息子も交通事故にあって大けがをしてしまった」とかなり切羽詰まった様子なのです。その人自身も精神安定剤を飲んでなんとか正気を保っているような様子でした。

これは土地にかなり〝悪いもの〟がついているなと思った僕は、すぐにくわしい住所と家の写真を送ってもらいました。

普段は、直接現場を見ないと何かを感じることはできないのですが、その家の写真からはすごく不気味な気色悪い感じが伝わってきました。

そこで、「住んではいけない土地」にくわしい、先輩芸人の武井志門さんに聞いてみたところ、やはり**「忌《い》み地」**と呼ばれる非常に悪い場所だったことがわかったのです。

聞けば数百年前に処刑場として使われていたとのこと。「これはなかなか手《て》強《ごわ》いぞ」と思って現地に行ってみると、地元の人は「忌み地」だと知っているのか、その不気味な家以外に民家は一軒も建っていませんでした。

こういう場合、一日も早くその土地を離れたほうがいいのですが、その家は買ったばかりの新築で、家が売れない限り引っ越しはできないとのこと。そこでせめてもの対策として、いくつか除霊の方法を教えてあげました。

それを一カ月ほど続けたところ、娘さんが壁に頭をぶつけるのをやめて、悪いことも起きなくなったと聞きました。

土地についている霊はかなりしぶとくて、除霊がなかなかうまくいかないことが多いので、この一家は不幸中の幸いだったと言えます。

心の中に執着がないものは「この世に残らない」

一方、**「水子霊」**について信じている人も多いようです。

一般には、流産、中絶、死産で亡くなった胎児にも霊があると思われています。昔は、生まれてくる前に亡くなったり、生まれて間もない赤ちゃんが亡くなったりすることが多かったため、水子供養のお墓も全国各地にたくさんあります。

その前提をふまえた上で、僕の個人的な見解として「水子の霊はいるのか、いないのか?」について答えるとしたら、「いません」と言うしかありません。

なぜなら僕が見ている幽霊たちは、亡くなったときの容姿のまま幽霊になったあと、いちばん思い出がある時期の姿に戻って、この世をさまよっているからです。

そうやって自分の過去の記憶をたどっているうちに、だんだんとこの世への未練がなくなるのか、顔から消えていきます。

それが成仏と言えるのかどうか僕にはわかりませんが、彼らは「心の中に何か執着があるから」死んだあともこの世に残って幽霊になっているわけです。

そのため、この世にまだ生まれていない胎児や、生まれて間もない赤ちゃんが幽霊になるはずがないというのが僕の考えで、同じく霊感のある親父もそれは同意見でした。水子の霊に怨まれているのではないかと心配する人がいますけど、そんなことはありません。

「子どもを授かったのに産んであげられなかった」「私のせいでお腹の中で殺してしまった」「生まれたばかりの赤ちゃんを死なせてしまった」などと自分を責める必要はないのです。

もしそういった理由で、一生罪をつぐなっていこうと思っている人がいたら、「亡くなった胎児や赤子は、あなたのことを恨んだり責めたりしていませんよ。**罪悪感は手放しましょう**」と、はっきりお伝えしたいです。

4章

あなたの「運気」を守るコツ

……「悪い霊」を祓い、
「幸運」を引き寄せるには

超簡単！　今すぐできる除霊方法

ここまで読んでくださった方は、世の中には様々な霊がいることがおわかりいただけたかと思います。

でも、どんな霊が身近にいても、悪い影響を受けなければ何の問題もありません。そのためには、**普段から霊を寄せつけない習慣を身につけること**です。

すでに霊の気配を感じている人も、霊の影響などまったくわからない人も、簡単な除霊方法をいくつか教えますので、今日からさっそく実行しましょう。

どれも、僕自身が習慣にしていて効果を実感しているものばかりなので、霊的なことで困っている人がいるときも、ぜひ教えてあげてくださいね。

「神様とのつながり」を強化する

まず一つ目は、**神社へお参りする**ことです。

自分の家からいちばん近いところにある氏神様と呼ばれている神社に、毎日お参りしてください。お賽銭《さいせん》は、入れても入れなくても、どちらでもかまいません。いつも**決まった神社に行って、手を合わせて、自分の名前と住所を言うだけ**でいいのです。

僕は神社参りを朝と夜の二回、毎日続けています。お賽銭は入れず、ただ頭を下げるだけで「二拝二拍手一拝」もしません。それよりも大事なのは、**毎日続けること**です。

「人気のない小さい神社よりも、有名な神社まで足を運んでお参りしたほうがいいのでは？」と思う人もいるかもしれません。

でも神様も人間と同じで、困ったときだけ頼られても「都合のいいときだけお願いされてもね」と、そう簡単には助けてくれないはずです。「あなたは誰？」と思われるだけでしょう。

小さな神社でいいので、毎日お参りに行く人を神様は優先的に助けてくれると、今までの経験上、僕は実感しています。

参拝するときに気をつけてほしいのは、「〜してほしい」「〜になりますように」と欲張って**「開運」目的で行かないこと**です。

それよりも、朝だったら**「どこどこに住んでいる何々です。今日も一日よろしくお願いいたします」**と、住所と名前を言って顔を覚えてもらって、ちゃんとご挨拶をしてください。

仕事帰りに行ったら、**「今日はこんなことがありました。一日無事に過ごせました。ありがとうございます」**とその日あったことを報告してお礼を伝えます。

口に出して言う必要はありませんので、**心の中でつぶやくだけでいい**のです。

先ほどお話しした、「忌み地」に建てた家に住んで不幸に見舞われた家族も、自宅近くの裏山にある神社に毎日お参りするようにアドバイスしたら、ちゃんと実行して、一カ月も経たないうちに悪いことがなくなっていきました。

なんでもそうですが、一発で問題のすべてを解決することなんてできません。何かが起きてから慌てふためいて、「最後は神頼みだ!」とお参りしたところで、神様と何のつながりもなければ、知らない人としてスルーされるだけでしょう。

何の悩みも問題もなくて、健康で幸せなときでも、悪いものを寄せつけないための予防としてお参りすることが大事です。

もしも何か悪いことが起きても、神様に毎日手を合わせて顔と名前を覚えてもらっていれば、「いつも来ている人だね。では助けてあげよう」と思ってもらえるはずです。

実際、芸能界で活躍している方で、仕事も人間関係もうまくいっている人は、普段から神社にお参りしている人がたくさんいます。

効果てきめん！　家の中はこれで清められる

神社参りの次に効果的なのは、**家の中のアルコール消毒**です。

日本には古来、穢《けが》れをお酒で清める文化があります。日本酒は神様にお供えしたり、お清めのときに使われたりして、神聖な儀式のときには欠かせません。お祝いの席で行なう「乾杯」や、亡くなった人に敬意を表してお酒を飲むときの「献杯」も、「神や死者のためにお神酒《みき》を飲む」という古くからある宗教的儀式が起源と言われています。

そのため、家の中を清めて除霊するときも、お酒で消毒するのがベストですが、匂いが気になりますしお金もかかるので、僕は市販されている**消毒用のアルコール**をよく使っています。

幽霊も生き霊もウイルスのようなものなので、自分にとりついたり、中に入ってこないようにしたりと予防すればいいのです。

アルコール消毒は、除菌だけでなく、除霊もできるというわけです。

やり方は簡単で、部屋中いたるところにアルコールをスプレーして、そのあと隅々まできれいに拭き取るだけ。ひとつ問題なのは、部屋が散らかっていると隅々まで消毒できないことです。僕も定期的に自分の部屋をアルコール消毒しているので、そのたびに部屋を片づけてきれいにする習慣が身につきました。

部屋が汚いと「悪い気」が溜まりますし、住んでいる人のストレスにもなりますから、メンタル的にもネガティブになりがちです。**幽霊は弱っている暗い人が大好きなので、汚部屋に住んでいる人は格好のターゲットになってしまいます。**

反対に、いつもきれいに片づいていて、風通しもよくて、新鮮な花が飾ってあったりすると部屋に生気が宿りますよね。そのうえ消毒までされると、霊が近づくどころか逃げていくでしょう。

霊的なものが原因で悪いことが起きた人たちにも、神社のお参りとアルコール消毒は必ず実行してもらっています。それだけで問題が解決する人も多いので、この二つはぜひ習慣にしましょう。

「塩」には穢れを祓うパワーがある

お通夜や告別式など葬儀に参列すると、必ず家に帰ったときに玄関先などで、**お清め用の塩**を体に振りかけます。これも死を穢れたものとしてみなして、自宅へ持ち込まないために、昔から根付いている風習です。

実際、**塩には穢れを祓うだけでなく、除霊効果がある**のも事実です。

まず、よく知られているものに**「盛り塩」**があります。

お店の入り口や、家の玄関先などに、小さく盛った塩の固まりが左右に置かれているのを見たことがありますよね？　アレが「盛り塩」です。

「盛り塩」のことを知っている人は多いのですが、やり方を間違えている人もいるので、ここで簡単に手順を紹介しておきます。

まず塩を用意します。塩はできれば粗塩《あらじお》がいいのですが、なければ普通の塩でもかまいません。サラサラの塩だと盛れないので、ある程度、固まりやすい塩を使ってください。

もうひとつ、お刺身を食べるときに使う醤油《しょうゆ》皿のような小皿を二つ用意します。その皿に小さく塩を盛るわけですが、いきなり塩を入れるとぐちゃぐちゃになってしまうので、僕はお猪口《ちょこ》を使っています。

お猪口に塩を入れて、指でギューッと押して、余分な塩をすりきりします。それを醤油皿にひっくり返して入れると、きれいな形の盛り塩ができますので、これを二つつくります。

次にこれを玄関先に置くわけですが、**玄関の内側、家の中には置かない**でください。もしも家の中に幽霊がいたら、玄関の中に盛り塩があると「結界《けっかい》」（清浄な場所と不浄な場所の区切り）ができて外へ出られなくなってしまいます。除霊するつもりで置いた盛り塩が、霊を閉じ込める原因になってしまったら本末転倒ですよね。

玄関の外に出て、**「玄関の外側」の左右二箇所に置くのが盛り塩の正しい置き方**です。

盛り塩で結界を張ると、外から幽霊がついてきても、家の中には入れません。これは葬儀のあとのお清めの塩も同じで、家の中に入って玄関で体に塩を振りかけてもまったく意味がないのです。

塩で穢れを祓って清めるときは、**必ず家の中に入る前、玄関の外**で体に塩を振りかけましょう。

玄関先に「盛り塩」を置くのは恥ずかしいとか、面倒くさいという人は、葬儀のあとや、怪談ライブの帰りとか、霊がついてきそうな場所に行ったあとだけでも、玄関に入る前に塩を体に振りかけてください。

もうひとつ、塩を使ったお祓いとして、**塩風呂に入る**方法もあります。

お湯を張ったお風呂に、ひとつかみの塩を入れてよく混ぜて入ると、悪いものがついているときは全身にぶわーっと鳥肌が立って、汗がじわーっと出てきます。

何もついてない人は鳥肌は立ちませんが、寒い時期は、お風呂場とお湯の温度差で鳥肌が立つことはあるかもしれません。

霊的なものにつかれているときは、体がだるくて風邪のような症状があるので、そういうときに塩風呂に入って汗をびっしょりかくと悪いものも流れていきます。

それでも祓えない悪霊がいたら……

ただ、塩が除霊に効かない場合もあります。

それは、生きている人間に本気で悪さをして、恨みを晴らそうとしている怨霊や悪霊と言われている霊につかれているときです。

このような霊の怨念はものすごく強いので、塩を置いたり振りかけたりしたくらいでは、ビクともしないことがあります。

今まで僕が会った霊能者の方は、「悪霊には塩は効かない。塩なんか意味がない」と言っている人が大半です。なぜなら、霊能力者に相談に来るのは、悪霊のせいで本当にヤバいことになっていて、自分ではどうすることもできずに助けを求めにやってくる人たちだからです。

つまりそれだけ悪霊の怨念が強くて、盛り塩くらいでは簡単には除霊できないから、霊能者のところに駆け込んでくるわけですね。

だからといって自分が何も手を打たなければ、ますます悪霊がつけあがるだけです。**いちばんよくないのは、ただ怖がって怯えるだけで何もしないこと。**

霊能者に祓ってもらうといっても、すぐにできることではありませんから、神社への参拝とアルコール消毒を徹底して、盛り塩と塩風呂でつきものを落とす努力だけは続けましょう。

それでも効果がなければ、信頼できる霊媒師を探して、除霊してもらったほうがいいでしょう。

〝悪い生き霊〟の落とし方

「神社、アルコール、塩」の3点セットは、主に死霊に対する除霊方法です。

怨霊や悪霊は怖い存在ではありますが、死んだ人の霊は強いパワーはありません。地縛霊のように、一定の場所に居座って恨みを晴らし続ける頑固な悪霊もいますが、そういうものに遭遇する確率はかなり低いです。

それに比べると生き霊は、仕事でもプライベートでも人間関係というものが続く限り、誰でもつかれる可能性があります。

生きている人の念は死霊よりも強いので、好意的な生き霊だったらハッピーなのですが、攻撃的な生き霊はどんな悪影響を受けるかわかりません。

人から恨まれたり、憎まれたりするようなことをしたことがある人は、「すでに悪い生き霊を飛ばされている」可能性があります。

体の具合が悪くなったり、仕事がうまくいかなくなったり、すでに何か悪いことが起きている人は、生き霊の影響でそうなっているのかもしれません。

人間関係のトラブルが起こったとき

生き霊の問題でよくあるのは、自分が誰かを傷つけたり、迷惑をかけたりして恨みを買っても、**100%自分のせいだと思えないこと**です。

関係が悪化した原因が、7割自分が悪くて、3割相手が悪いとなると、「向こうだって悪いんだから、こっちが謝る必要はない」と思ってしまうのです。そして、そのまま悪い関係性が続くと、相手のほうも「そっちが悪いくせに謝りもしないなんて！」と、マイナス感情がふくれあがっていきます。

それが生き霊となって飛ばされてしまうケースは、本当に多いです。

表面上はいつもと変わりないフリをしていても、心の中では「自分のことしか考えない嫌な奴」と悪意を持たれてしまう。それが生き霊となって、ヘドロみたいにベチャッとくっついてしまうのです。

人間関係のトラブルや行き違いは、早い段階で手を打ったほうが効果的です。自分に少しでも非があるなら早く謝って、ヒビが入った関係を修復すると生き霊防止になります。すでについている生き霊も、相手に謝って納得してもらえれば、祓い落とすことができます。

といっても、別に大げさに謝る必要はありません。「ゴメン、僕が悪かった」「私も迷惑かけたね。ゴメンね」という風に、自分が一歩引いて謝れば、相手も「そう言ってくれるなら」と気持ちがおさまるはずです。

たとえ、10対0で自分は悪くなくても、相手が怒っていたり不機嫌だったりしたら、何かしら理由があるはずです。

「この件についてどう思っているの？」「なんか不満があったら理由を教えてくれる？」「僕、なんか悪いことしたかな？」という感じで、相手が言いにくいことを言いやすいように、さらりと言葉を投げかけてみてください。

そうすると相手も心を開きやすくなって、「実はあのとき……」と不満や怒りの理由を言いやすくなります。

「何もしない」がいちばんよくない

人間関係でいちばんよくないのは、**トラブルが起きても何もせずほったらかしにすること**です。

人間はみんな「主観」で生きていますから、同じものを見ても、いいと思う人もいれば悪いと思う人もいますよね。みんながみんな自分と同じ考えや価値観ではないので、誤解やすれ違いが生まれても仕方ありません。

時にはそれがきっかけで、関係がこじれることもあるでしょう。

ですからまずは、**自分のことはいったん横に置いて、相手の立場になって考えてみること**。100%他人を理解することは不可能ですが、相手の立場になって考えようとする姿勢は忘れないでほしいのです。

そのことを意識してコミュニケーションすれば、「そういう風に考えていたんだ」「自分はこう思っていたよ」と言いたいことを言えるようになります。

最終的にお互い納得できれば、関係性がリセットされて恨まれることもなくなるでしょう。

生き霊を飛ばされないためには、意地を張らずに謝ってみる。これが何よりも効果的なのです。

ただし、場合によっては、「そこまでして相手との関係性を維持したいと思わない」ということもあるかもしれません。

そのときは、完全に関係を断ち切るのもひとつの方法です。人間は、自分とかかかわりがない人の記憶はだんだんと薄れていくものです。

トラウマになるようなひどい仕打ちや、強く恨まれるようなことをしていない限り、会うことも連絡をとることもなければ、相手からあなたの存在は消えていきます。

一度、体の関係を持ったけどすぐ別れた相手とか、何度か一緒にご飯を食べたけど気が合わなかった相手とか、その程度の関係性なら、連絡を断って二度と会わなければ恨まれることもないでしょう。

もしLINEなどのSNSでつながっている人と関係を断ちたい場合は、ブロックしてもいいと思います。

最初は相手を不快な気分にさせますが、時間が経てば忘れていきます。**人の感情は何年も長続きしないので、時間が解決してくれる**ことって、結構あるんですよ。

「なんか嫌な感じ……」——その感覚を磨く

霊感がない人でも、たまたま入ったお店の雰囲気や空気が悪くて、**「なんか嫌な感じ……」**と思ったことはありませんか？　あるいは、はじめて会った人に何か嫌なものを感じて、「この人とはあまり話したくないな……」と思ったこと、ありますよね？

それはいわゆる**「第六感」**と呼ばれるもので、**理屈では説明できないけれども感覚的に物事の本質がわかってしまう、人間特有の能力**です。

僕のように霊感がある人は、この第六感が異常に強いため、普通の人には見えないものまで見えてしまうのです。

もちろん、人によって第六感の働き方は様々です。

空気が黒くよどんでいるような「気」が悪い場所へ行っても、まったく何も感じない人もいれば、ドアを開けて一歩入っただけでゾワーッとして、「何この嫌な感じ!?」と敏感にわかる人もいます。

悪い霊に近づかないためにも、この第六感を研ぎ澄ます訓練をしましょう。

たとえば以前、ある先輩芸人が新居を探していたときのこと。

物件をいろいろ見て回っても、自分が求める条件に合うところが見つからず、半《なか》ばあきらめかけていたとき、条件も予算もすべてクリアしている新築マンションを見つけたそうです。

「これでやっと部屋探しから解放される!」と期待に胸をふくらませて部屋を見にいったら、一歩部屋の中に入った瞬間、とてつもなく「嫌な感じ」がしたのだとか。

他に気になるところはなかったのに、その「嫌な感じ」がどうしても引っかかって、結局その物件とは違うマンションに引っ越しました。

すると、しばらく経ったあと不動産屋さんから連絡が来て、「あの新築マンションに決めないでよかったですね。今ニュースでやっている無差別殺人の現場はあのマンションですよ」と教えてくれたそうです。

もしも「嫌な感じ」を無視して、そのマンションに引っ越していたら、先輩芸人も事件に巻き込まれていたかもしれません。

事件や事故が起きたときに運よく助かった人たちには、これと似たような話がたくさんあります。

まずは「視覚」と「嗅覚」を意識する

「第六感」は感覚的なものなので、普段から、視覚、聴覚、嗅覚、触覚、味覚の五感を研ぎ澄ますことをまずは意識しておきましょう。

とくにアンテナを張ったほうがいいのは、視覚と嗅覚です。

目で見て「なんか蜃気楼《しんきろう》みたいにぼやけているように見える」とか、「昼間なのに暗い感じがして嫌だな」といった**視覚的な違和感**……。入った場所や空気で感じる**なんか嫌な臭い**……。

人にすごく恨まれて悪い生き霊がベッタリついている人も、敏感な人は臭いでわかります。僕は、そういう人が近づいてきたり、そういう人から握手されたり、触られたりすると、「うわ、悪いのがこっちに来るからやめてくれ！」と思って、後ずさりしてしまいます。

霊感が強いと、相手と肩を組んだり、ボディタッチをしたりするだけで、霊が乗り移ってくるので、自分が「なんか嫌な感じ」だと思う人には、なるべく近寄らないようにしています。そのくらい、視覚や嗅覚で異変を感じたら、第六感を信じるようにしてください。

また、第六感が敏感な人の中には、会ったばかりの相手の本質をすぐ見抜く人もいます。

僕が仲良くさせてもらっている方に、俳優やアイドルの子たちとよくコラボレーションしている女性アーティストのKさんがいます。

Kさんは、某アイドルグループのメンバーの写真を見ただけで、「この女の子はこういう人だ」と本質を見抜いて、独特の手法で全員のイメージを描き出した作品集を出しました。

本人に見せて、そのイメージが間違っている人は載せない予定だったらしいのですが**百発百中当たっていた**そうです。Kさんからその話を聞いたとき、「僕よりすごいじゃん」と思って、「すみません、僕も見てください」とお願いしました。

そうしたら、僕は四十代以上の女性からすごく支持されているらしく、将来的には四十代以上の女性たちのアイドル的存在になるかもしれないと言われました。

それを聞いたときは、思わず噴き出してしまいましたが、気になって僕のYouTubeに登録している人の年齢層を見てみたら、四十五歳から五十五歳までの女性が6割もいたのです。

他の年齢は散らばっていたので、「Kさん、すげぇ!」と改めて尊敬しました。

第六感が働けば、このように瞬時にわかることが増えてきます。

第六感を鍛えるための「精神を研ぎ澄ます訓練」とは?

この第六感ですが、精神を研ぎ澄ます訓練をすると鍛えることもできます。

霊能者や霊媒師がよくやるのは**一カ月ほどの断食修行**ですが、一般の方が真似すると危険なので真似はしないでください。でも、プチ断食ならやってみる価値はあるかもしれません。

僕の先輩芸人は、五百種類の食べもののカードを千枚並べた「神経衰弱」の遊びを一週間決まった時間にやって、「同じカードの組み合わせが出るまで何も食べられない」というルールのゲームをしたことがあったそうです。

「あんぱん」でも「ラーメン」でも、同じカードを二枚めくればその食べものを食べられるのですが、千枚の中からペアを探すのって難しいですよね。

結局、最初の三日間は誰も何も当たらなくて断食状態だったのですが、四日目からは、みんなだんだんと当たりはじめたそうです。

それはおそらくプチ断食によって感覚が研ぎ澄まされて、**精神を集中することで勘が冴えるようになったから**でしょう。

実際、普段の生活に戻って何でも食べるようになったら、神経衰弱してもまた全然カードが合わなくなったと言っていましたから……。


今はまったく何も感じないというあなたも、

「普段から、『なんか嫌な感じ』に敏感になること」

「定期的にプチ断食して精神集中する時間をつくること」

この二つを続ければ、第六感で悪い霊に気づきやすくなるでしょう。

ただし、前日に飲みすぎて気持ち悪いとか、仕事が忙しくて睡眠不足とか、体調がよくないときの第六感はまったく当てになりませんよ。

二日酔いで頭が痛いから物がぼやけて見えたり、まだお酒が残っている自分が臭かったり、どっちが変なのか見分けがつきませんからね。

霊と遭遇してしまったときの「とっておきの対処法」

霊感がない人でも、霊のほうからコンタクトをとってきたり、こちらから霊にアプローチすると、霊に遭遇したりすることがあります。

それでも気づかなければいちばんいいのですが、万が一、霊を見てしまったときのために、しかるべき対処法をお伝えします。

僕みたいに、生きている人間と同じように霊の姿が見えている人は慣れていますが、見慣れていない人が霊に遭遇すると、「え、なに？　これって幽霊？」と違和感を覚えてドキッとしますよね。

今まで見えなかったものが見えると、「うわぁ！」とびっくりする人もいるでしょうし、怖くなる人もいるでしょう。

それは仕方のないことですが、**霊を遠ざけるためには、霊が見えても見なかったフリをしたほうがいい**のです。徹底的に無視してください。

万が一、めちゃくちゃはっきり見えても、「私には見えてない。何も見えてない。何もいないんだ……」と自己暗示をかけて、すぐにその場を離れましょう。

「うわ、幽霊だ！」と口に出してしまうと、幽霊のほうも「気づいてくれたんだね」と喜んでついてきてしまうかもしれません。

ですから、「いや、今見たのは目の錯覚だ」「自分に幽霊が見えるわけない！」と思い直して、見えなかったフリをしたほうがいいです。

一度ついてきた霊は、見えないと思い込んで相手にあきらめさせることができれば、五分十分でとれることもありますが、しつこい霊だと離れるまで数時間から数日かかることもあります。

でも、ずっと無視して意識しないでいると、霊のほうも「この人は無理そうだわ」と思うみたいで、ふっと消えていなくなることがほとんどです。

また、**外で霊を見てしまった場合は、家に帰る前に必ず近くの神社にお参りしてください。**

そして、前にも触れたように、玄関に入る前に塩を両肩に振りかけます。

塩は帰る途中に買ってもいいですが、普段から霊を寄せつけたくない人は、郵便受けの中に塩を入れておいて、家の中に入る前に自分に振りかける習慣を身につけるといいでしょう。

- **霊を徹底的に無視する**
- **神社でお参りする**
- **塩でお祓いする**

この三つを実行すれば、フラフラついてきた程度の霊であれば、すぐとれます。もしこのステップを踏んでも、そばに霊がいる気配がするとか、悪いことが立て続けに起きるようであれば、悪霊や怨霊の可能性があるのでお祓いしてもらったほうがいいかもしれません。

「生命力のあるもの」が最も苦手だから……

この三つの対処法は、霊を遠ざける方法としては王道ですが、ちょっと変わった別の対策もご紹介しましょう。

それは、**エロ動画を見ること**です。「えー、ウソでしょ?」と思うかもしれませんが、冗談じゃなくホントの話です。

セックスは、子孫を残すための生存本能的な行為ですよね。**性欲があるのは、生命力があるということですから、性行為をすることも見ることも、死から最も遠い行為**なのです。

つまり、エロ動画は幽霊がいちばん苦手なものなのです。

ですから、霊的なものの気配を感じて、「どこかに行ってほしいな」「消えてほしいな」と思ったら、エロ動画を見ると近寄ってきません。

僕も以前、電車の中で五十代くらいの男性の幽霊が全裸で吊り革につかまっているのを見たことがあって、「気持ち悪いなぁ」と思ったことがありました。

そこで、いざというときのためにスマホのボイスメモに入れている喘《あえ》ぎ声を（趣味ではないので念のため……）、電車に乗っている間ずっとイヤホンで聞いていました。するとその全裸男は、まったく近づいてきませんでした。

そのあと、自分の興奮を抑えきれないまま、電車を降りないといけなくなったのはちょっと大変でしたけど……。

喘ぎ声だけでも霊を追い払う効果があるので、スマホに音声ファイルを入れておくと安心です。間違っても、イヤホンなしで再生しないように、気をつけてください。

また、これは性行為にもつながることですが、**恋をして相手のことで頭がいっぱいになると霊感がなくなります。**

55ページでも触れましたが、僕も以前、すごく好きになった女の子がいて、告白するまでいてもたってもいられなくなった途端に、幽霊が見えなくなりました。

そのとき、先輩芸人のサルゴリラのお二人に相談してみたところ、「とにかく一回告白してこい！」と言われたので、思い切ってその子に「よかったらつきあってください！」と告白しました。結果は「ごめんなさい」でした。

失恋したショックは大きかったですが、その直後は、逆に霊感がギンギンに冴え渡って、めちゃくちゃはっきり幽霊の姿が見えるようになりましたね。

恋は、したいと思ってもできるものではないので、対処法とは言えませんけれどもご参考まで。

「霊媒師」——本当に助けてくれるのは、こんな人

「家に誰かがいるような霊障がよく起きる」
「神社参りや塩の対処法を試しても、体が重くて具合が悪い」
「引っ越ししてから、悪いことが続いて困っている」

こういうことが続く場合は、悪霊や怨霊がついている可能性があります。

自分ではどうすることもできない悪霊や怨霊は、霊媒師にお祓いをしてもらったほうがいいでしょう。

ただし、インチキな〝自称・霊媒師〟も多いので、本当に信用できる本物かどうかきちんと見分けなければいけません。

本物の霊媒師はここが違う！

僕が出会った本物の霊媒師は、**最初からお金を要求しない**という共通点があります。

「除霊」や「お祓い」というのは、頼まれたからではなく、善意でやるものなので、「悪い霊がついているのがわかるから、なんとかしてあげましょう」と、自分の負担も承知の上で除霊して、人を少しでも楽にさせたいと思うのが本物の霊媒師です。

もちろん、悪いものをとってもらった人は御礼をしたいので、感謝のお気持ち代を渡す人がほとんどです。それでも「お金はいいですよ」と断る霊媒師もいれば、「じゃあ、ありがたく頂戴します」と受け取る霊媒師もいます。

どちらも、「自分から要求していない」という点で一致しているので、本物だと思って間違いないでしょう。

霊につかれて大変そうな人が目の前にいたら、放っておけずに、**「私がなんとかしてあげましょう」**という人は信じて大丈夫です。

僕には常に五、六人の霊がついていますが、以前、ある先輩芸人についていた悪い霊までもらってしまったことがありました。

そのあと急に具合が悪くなって、トイレで吐き続けてしまったので、誰か祓える人を探していたところ、凄腕《すごうで》の霊媒師さんに出会えたのです。

会った瞬間に、「すごいのをたくさん連れていますね」と言われたので、大変な思いをしていることを説明して、祓ってもらえないかお願いしてみました。

すると、「いいですよ」と言って、ほんの一瞬、ぼくの肩に触れただけで「はい、とれました」とあっという間に祓ってくれたのです。

おかげで、ずっと続いていた吐き気がおさまって、肩もスーッと軽くなったときは本当に救われた思いがしました。

その方も、お金なんて要求してきませんでしたが、ちゃんと御礼はしました。

本当に信頼できる本物の霊媒師とは、そういうものなのです。

「高額な金額」を請求してくるのは、あり？

一方、〝自称・霊媒師〟は、十五分で五千円とか、一時間で一万円とか、もっとひどいのになると「割引パックもありますよ」と商売根性丸出しで営業します。

信じられないのは、「電話で遠隔除霊します」と宣伝している人もいること。

お祓いや除霊ができると信じさせ、物を売りつける悪徳商売をしている人もいます。

あんまりいうと営業妨害になるのでこのくらいでやめておきますが、人の弱みにつけ込んでお金を儲《もう》けようとしている霊媒師は疑ってかかってください。

除霊やお祓いは、「何分何円で」なんていうほどお手軽にできるものではありません。

小学三年生のときに殺人事件の現場を見て、殺された人が僕についたときは、親父がとってくれたわけですが（38ページ）、翌日に、親父は「ふぅー。ふぅー」と**何度もため息をつくほど大きなダメージを受けて**いました。

殺された人を除霊することなんてめったにないと思いますが、悪霊とか怨霊と呼ばれる霊を祓うのは、それぐらい大変なことなのです。

ただ、一回三百万円とか五百万円とか、**破格の料金設定をしている霊媒師さんは、本気でやっている本物の可能性が高い**です。

高額なお金を払ってでも除霊したい人は、相当大変な目にあっているはずですから、お祓いするほうも、お祓いされるほうも覚悟がいります。

その覚悟がある人だけ相談に来てほしいという意味で、本気度を試すつもりで高額な料金設定をしている霊媒師は信用していいと思います。

実際は、無事にお祓いが終わったら、額面どおりの高額なお金は受け取らない人が多いようですが……。

端的にいうと、除霊やお祓いを無償でやるか、ケタ外れの高額な料金でやるか、どちらもが信頼できる霊媒師さんということになります。

また、本物の霊媒師さんは、**霊的なものが原因ではない相談事はちゃんと断ります。**

たまたま「最近、運が悪い」「体がだるくて疲れがとれない」「恋愛がうまくいかない」といったよくある理由で相談されても、霊がついていなければ対処のしようがありませんからね。

逆にいうと、どんな相談事もすべて霊のせいにして、なんでもかんでも除霊してお金をとっているような霊媒師は、インチキだということです。

「部屋探し」でいちばん気をつけたほうがいいこと

人につく霊は、自分で対処したり、霊媒師にとってもらったりすることで解決できます。

しかし、特定の土地についている**地縛霊**や、霊がたくさん通る**霊道**《れいどう》は人間の手ではどうすることもできず、悪い霊がいる特定の土地や場所を避けるしかありません。

ネットで検索するとすぐ出てくるほど、一般的に知られているヤバい場所は、昔、処刑場だったところや、戦時中に死体置き場にされていたところです。

たとえば、戦時中に焼け出された何万人もの死体が穴を掘って投げ込まれて埋められた場所もあります。

そのように悲しい歴史が残っている場所も、今は再開発されていたり、公園になったり、埋め立て地になったりして、きれいに整備されているところがほとんどです。

ですから、**引っ越しするときは、その土地の歴史を調べるようにしてください**。

戦争だけでなく、歴史に残るような悲惨な事故や事件などで、何人も非業《ひごう》の死を遂げた場所にも地縛霊がいる可能性があり、そういう霊は、国家とか社会とか抽象的なものや、理不尽なことに対する恨みが根深く残っています。

個人に対する恨みは、生きている人のパワーにかき消されてしまいがちですが、集団の怨念のパワーはとんでもなく強いのです。下手に近づくと、とり返しのつかないような悪影響を受けることもあります。

昔、罪人がたくさん処刑された東京の某エリアにも、高級マンションが建ち並んでいて、一時期そこに住んでいた知り合いもいました。

でも一年も経たないうちに、同じマンションの住人たちが目も合わさなくなったり、非常階段で叫んでいる人がいたり、おかしい人が目立つようになって不気味だからと、逃げるように引っ越ししました。

何十年も前に、その場所で死んだ人たちの地縛霊がたくさんいる土地は、そう簡単には浄化されません。

むしろ地縛霊の影響で病気になったり、精神的におかしくなったり、死んでしまう人が少しずつ増えていけば、そのぶんさらに呪いのパワーが増していきますから、ますます近寄らないほうがいいのです。

心霊現象が起こる場所――「霊道」

もうひとつ、心霊現象がよく起こる場所として**「霊道」**があります。

霊道は、**亡くなった人の霊魂があの世にたどり着くまでに通る道。**僕はあの世があるのかどうかわかりませんが、亡くなった人がしばらくこの世に留まってあちこち移動している様子を見ています。

ですから、あの世に行く人もまだ行かない人も、幽霊がたくさん往き来しているのが霊道と考えるのが正しいように思います。

霊道がある場所でいちばん多いのは、亡くなる人が多い病院でしょう。その病院の近くに神社やお墓があれば、その方向へ通じるところにおそらく霊道があると思われます。

次に多いのは、いわゆる**「出口」になっているところ**。

特に、交通事故が多発しているトンネルの出口は霊道になりやすいです。

僕の先輩にも、事故が多いトンネル近くの高級マンションに部屋を借りた人がいて、すごく心霊現象が多いというので一度見にいったことがありました。

するとそこは、トンネルの途中にある出口から道がつながっているマンションで、先輩が住んでいた角部屋がその道の正面にあったのです。

だからでしょうか。誰もが憧れるようなその高級マンションは、角部屋だけがいつも空き部屋になっているということでした。

トンネルに限らず、事故が多発している交差点なども、犠牲者の霊が通る道がある可能性が高いので、交差点にあるマンションやビルの角部屋を借りる場合は、その交差点で過去に交通事故が頻発していないかどうか、必ず調べるようにしてください。

本物の「縁起物」とは

お守りを持っている人、数珠のブレスレットをしている人、自宅に招き猫、だるま、破魔矢《はまや》や熊手を飾っている人……。

身の回りに「縁起物」と呼ばれるものがある人は多いと思います。「縁起物」を信じることは悪いことではないですし、それで元気が出る、がんばれると思えるなら、持っていて損はないでしょう。

ただ、**過剰に「縁起物」に頼りすぎるのは困りもの**。

たとえば数珠には、人体の波長を狂わせるような磁力を発している天然石や磁石を使ったものがあります。でもその効果ははっきりと証明されているわけではありません。

磁力が強いものを安易に身につけると、運がよくなるどころか、具合が悪くなる可能性もあるのです。

ですから僕は基本的に、人体に直接影響を与えるようなものは身につけないほうがいいという考えですが、ひとつだけ数珠が役立つ使い方があります。

数珠だけでなく、時計やブレスレットにも言えることですが、**身につけているものがちぎれたり壊れたりしたときは、そのあとで行こうとしていた場所に近づかないか、行くとしても慎重に行動したほうがいい**です。

もちろん全部が全部、悪い知らせとは言い切れませんが、数珠や時計に異常が起きたときに、「何かおかしい」と意識することが大事なのです。それこそ第六感を働かせて、「嫌な感じ」がすることは、いったんやめてみてください。

僕の知り合いも、心霊スポットに行ったとき、沖縄にいるユタのおばあちゃんからもらった数珠をつけていったら、パチーン！　とちぎれたそうです。さすがにヤバい空気を感じて逃げ帰ってきた、とのこと。

このように、なんとなく違和感を覚える場所や、悪い予感がする場所へ行くときも、あえて数珠や時計やブレスレットをつけていくと異常を察知できることがあります。

ユタのおばあちゃんの数珠は本物だと思いますので、プラスチックみたいな安物だと効果はあまり期待できないかもしれませんが……。

それがあると「安心できる」か

本当の意味での「縁起物」は、その人の経験や思いによって決まるものです。

ある先輩芸人の家に行ったとき、龍の絵が飾ってあったので、「この絵は何ですか？」と聞いたことがありました。

なんでも有名な神社にお参りしたとき、近くに一筆龍《いっぴつりゅう》を描く有名な人がいて、一万円で描いてもらったのだとか。

そして、「この龍の絵を描いてもらった直後にレギュラー番組が決まったから、飾ってたほうがいいと思うねん」と言っていました。

その先輩は霊感もないですし、神仏を信じているわけでもありません。でも、自分に幸運を招いてくれた（と思っている）龍の絵は飾ったほうがいい、と感覚的にわかっているんですね。

それこそが本当の「縁起物」だと僕は思います。

あなたも、「これを買ったらいいことが起きた」「これを身につけていると運がいい」と感じるものはありませんか？

高級なものでなくても、何でもいいです。

「これがあると安心できる」と思えるものがあれば、それがあなたにとっての「縁起物」なのです。

パワースポットで「運気を上げる」ヒント

年末年始や行楽シーズンになると**「パワースポット」**と呼ばれる神社仏閣には多くの参拝客が訪れます。「縁結びの神様」として人気がある神社やお寺に、あなたも一度は行ったことがあるのではないでしょうか。

しかし、いきなりガッカリするようなことをお伝えするのは心苦しいのですが、行けば誰でも幸運になれるようなパワースポットはありません。

もしも本当にパワースポットがあるなら、訪れた人はみんな幸せになるはずです。でも世の中を見渡すと、幸せな人や楽しい人よりも、苦しんでいる人や悩んでいる人のほうが圧倒的に多いですよね……。

パワースポットに集まる人たち

そもそも、神社やお寺をはじめとしたパワースポットと呼ばれる場所には、運気がいい人より悪い人たちが集まります。

もっといえば、「悪いもの」を祓い落としたい人たちが集まる場所なのです。

僕も、自宅の火事とじいちゃんや愛犬の死と、最悪の出来事が続いたとき、あるパワースポットを訪れて、肩がスーッと軽くなったことがありました。

パワースポットには、訪れた人が持ってきた悪いものを、掃除機みたいに吸い取ってくれるパワーがあるのです。

特に、通常の状態からマイナス方向に向かっている人たちは、パワースポットに行くことでゼロリセットできます。

たとえば、いつもなら仕事がうまくいくはずの人が、「なんか思うようにいかないんだよな」というときパワースポットに行くと調子が戻りはじめたりします。

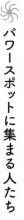

では、訪れた人が落としていった「悪いもの」はどこへ行くのでしょうか？

正解は、**「その場にどんどん溜まっていく」**のです。

つまりパワースポットには、数え切れないほど多くの人の不運や不幸が蓄積されているわけですね。その何層にも積み重なった「悪いもののミルフィーユ」みたいな固まりが、訪れた人に降りかかってしまうことがあります。

その犠牲になるのは、ひと言でいえば「強欲な人」です。

「お金持ちになりたい」「格好いい人とつきあいたい、可愛い人とつきあいたい」「いい家に住みたい」「有名になりたい」といった欲望を、**なんでもかんでも神様にお願いするような人に悪いものが降りかかってくる**のです。

要するに、自分では楽してトクしたいと思っている、他力本願の人です。

反対に、パワースポットに行っても悪いものを背負わされない人は、**「自分ががんばらなきゃダメなんだ」と自覚している人**です。

神様にも、「なんとかしてください」じゃなく、「がんばりますから、よろしくお願いいたします」と言える人です。

やっかいな霊をとってくれる「最上級クラスの怨霊」

ちなみに僕が、心霊スポットのロケなどで変な悪霊にとりつかれたとき、最終手段として行くパワースポットは東京都千代田区にある**「将門《まさかど》の首塚」**です。

平将門は、崇徳《すとく》天皇、菅原道真と並び非業の死を遂げた歴史上の人物。現代でも崇《たた》りを畏《おそ》れられている日本三大怨霊の一人です。

平将門の怨霊はすごく怖がられていますけど、すごく位の高い人なので、礼儀正しく失礼がないようにお参りすれば怒られることはありません。

僕についてくるような悪い霊はヤンキーやチンピラみたいなものなので、将門のように**最上級のクラスの怨霊のところへ連れていって、追い払ってもらう**わけです。

「将門の首塚」に行ったときはちゃんとご挨拶をして、**「いつもお世話になっています。またご挨拶に来ました。僕に変な霊がついているので、申し訳ありませ**

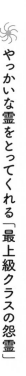

んがとっていただけるとありがたいです」と心でお願いします。

するとおそらく、「なんかしょうもないチンピラどもの霊を連れてきたな、目障りだから追い払ってやるか」と思ってくれるのでしょう。帰る頃には、「うわぁ、軽くなってきたぁ」と思うほど、つきものが抜けていく感じがわかるのです。

でも、将門に人を助けたり救ってあげたりしている意識はなく、たんに目の前に気に入らない奴が来たら叩きつぶそうとする精神がすごく強いのだと思います。

おかげで僕は今まで、女性二人と、もう一人わけのわからない悪霊と、三回ほど「将門の首塚」で悪い霊を落としてもらいました。

もし僕が死んだら、将門の奴隷《どれい》になるのは決まりですね。

ただ、僕のようにはっきりと悪霊の影響がわかる人は別として、それほど霊感が強くない人が体の具合が悪くなったときは、当たり前ですがパワースポットに行く前に病院に行きましょう。

薬を飲んで治るような病気なら、霊の仕業《しわざ》でもなんでもありませんから。

Column 4

「中古品」――前の持ち主を気にしなくてもいい

「アンティークの指輪を買ってから、すごく運気が悪くなりました」

「年代物の古い着物を買ってから家族が病気ばかりするんですけど、どうすればいいですか?」

「日本人形の髪がなぜか伸びているんです」

こういったことを相談されることもたまにあります。どれも、「物に霊がついているんじゃないの?」と思いますよね。結論からいうと、物にも霊がつくことはありますが、**めったなことではつきません。**

今のように日本が豊かではなかった時代は、生活を維持するために、長年大切にしてきた着物や宝石を泣く泣く質屋に入れた人がたくさんいました。

命の次に大事だと思うような物を売って、飢えをしのぐわけですから、それだけ物に対する執着心も強くなります。その執着心を抱えたまま報われずに死んでいった人がいたら、恨みや悲しみの「念」が物につくことがあってもおかしくはないですよね。

そんな霊がついた物がそばにあると、怪奇現象が起きたり、物についた霊が自分に乗り移ったりして、具合が悪くなることもたしかにあります。

昔と今では物への思いが異なる

でも今の時代、そんなに古くて貴重な物がたくさん出回っているとは思えません。大量生産、大量消費の時代ですから、昔のように同じ物を何年も何十年も大事に使う人も少なくなってきました。

いらなくなったブランド物を次々に売って現金化する人はたくさんいますが、長年使った愛着ある高価な物を生活苦のために換金する人はそう多くないと思います。

着物に関していえば、着ている人も持っている人も少ないですよね。姿見のような大きな鏡も割れやすくて扱いが大変なので、わざわざ古い物を売ったり買ったりする人はめずらしいと思います。

人形や置物、指輪やネックレスなどの宝石類はどうでしょうか？　何十万円もする日本人形や、何十万円から何百万円もする宝石には、確かに持ち主の強い思い入れがあるかもしれません。

でも、そういった高級品の古い物も、親から子へ、子から孫へ、代々譲り受けるケースが多いと思います。

たとえ、「これを売ってお金にしなければ生きていけない」といった苦しい状況で、大切な物を手放した人がいたとしても、その人の念が強くなければ霊がつくことはまずないでしょう。

もちろん、可能性はゼロとは言い切れませんが、たとえあったとしても、飛行機事故にあう確率よりも低いと思います。

万が一、そのぐらいの低い確率でも、霊がとりついている物が巡ってきて、霊障や災難が続くようでしたら、近くの神社に持っていって供養お焚き上げをしてもらいましょう。

おわりに――一日一日を悔いなく生きるために

人生百年時代と言われるようになったせいか、自分はいつまでも元気で長生きできると思い込んでいる人が多いように感じています。

人が死ぬ現実を直視したくない、という気持ちも強いのかもしれませんが、人間って結構あっけなく死んでしまうものです。

幽霊の存在が身近な僕は、日々そのことを痛感しています。

世界中がパニックになった新型コロナウイルスの感染症も、かかるときはかかるし、死ぬときは死にます。

でも、そんな風に覚悟を決めた人がどれだけいるでしょうか？

「まだ死なない」と思って生きるのと、「いつ死ぬかわからない」と思って生きるのとでは、一日一日の重みが違いますよね。

この本を読んでくださった方には、**「死を考えることによって、人生を豊かに生きてほしい」**と願っています。


僕のところには、「亡くなったお母さんと話がしたいです」「亡くなった友人に伝えたいことがあるので会わせてください」と相談に来る方もいます。

でも**死人と会話することは不可能**なのです。

生きているときはそれほど大切にしていなかった人のことを、亡くなったあとで、「あの人はいい人だった」「素晴らしい仕事をした」「亡くなるなんて信じられない」とみんな口々に言いますが、生きているときに本人に言わなければ意味がないと思いませんか?

すごくつらい経験をして亡くなった人の気持ちを、あとでひっくり返そうと思っても絶対にできないのです。

前にも触れましたが、結局どんな人間も、どういう死に方をしたかより、死ぬまでにどんな人生を送ってきたかが重要なのです。

それは、あなた自身にも言えることです。だから、**万が一、明日死んだとしても思い残すことがないように、今日を悔いなく生きてください**。

そして、大切な人には大切だと思う気持ちを、その瞬間に伝えてほしいのです。きれいごとに聞こえるかもしれませんが、生きていれば誰でもつらいことや悲しいことはたくさんあります。

広い世の中で、自分だけが大変な思いをしているわけではありません。

だからこそ、せめてまわりにいる人たちとは助け合って、支え合いながら、一日一日を少しでも楽しく生きたほうがいいのではないでしょうか。

僕が今まで会った幸運な人たちは、霊的なものを信じる人も信じない人も、感謝の気持ちや親切心を忘れていませんでした。

人に対して、そのようにポジティブに向き合える人は、人からも同じような気持ちが返ってきます。

結局は、**生きているうちに何をやるか**なのです。

わかったようなことを書きつらねてきましたが、僕の人生が完璧かといえばそんなことはありません。「シークエンスはやとも」の皮をはげば、ダメなところばかり目につく人間であることに間違いないのです。

それなのに、芸人のクセに偉そうな物言いになってしまっていたら申し訳ありませんでした。

けれどもこれだけは言わせてください。

僕は、**与えられた選択肢の中から自分の意思で選びとり、たとえ間違ったものに手を出してしまったとしても、決して後悔することなく生きている**、ということです。

理想の人生を思い描いて、その願いが叶う人間はほんのひと握り。

誰もが何かしらの不満を持ち、欲があるからこそ生きているのです。

つまり、生きている以上、欲がなくなることはない。

これをいいととらえるか、悪いととらえるか、それは自分次第です。

どんな形であれ、欲がなくならないのであれば、願いがすべて叶うわけではない人生こそ、愛《いと》おしいのではないでしょうか？　今、自分はすべてを手に入れているわけではない、という現状は、実は楽しむべき状況なのかもしれません。

だからこそ、後悔しない選択をできるよう常に考えることは、生きてここまできた自分に対して、何よりの恩返しなのではないか？

そんな人生に心霊が一役買ってくれることを願って、この本を締めくくりたいと思います。

シークエンスはやとも

本書は、KADOKAWAより刊行された『霊が教える幸せな生き方』を、文庫収録にあたり加筆・改筆・再編集のうえ、改題したものです。

あなたの知《し》らない「霊《れい》」の世界《せかい》

著者　シークエンスはやとも
発行者　押鐘太陽
発行所　株式会社三笠書房
〒102-0072 東京都千代田区飯田橋3-3-1
電話　03-5226-5734（営業部）03-5226-5731（編集部）
https://www.mikasashobo.co.jp
印刷　誠宏印刷
製本　ナショナル製本

ISBN978-4-8379-3077-8 C0130

王様文庫

数字のパワーで「いいこと」がたくさん起こる！

シウマ

テレビで話題の琉球風水志シウマが教える、スマホ、キャッシュカードなど身の回りにある番号を変えて大開運する方法！ ◎あの人がいつもツイてるのは「15」のおかげ？ ◎初対面でうまくいくには「17」の力を借りて……☆不思議なほど運がよくなる「球数」カードつき！

眠れないほどおもしろい「密教」の謎

並木伸一郎

弘法大師・空海の息吹が伝わる東寺・国宝「両界曼荼羅図」のカラー口絵つき！ 真言、印、護摩修法、即身成仏……なぜ「神通力」が身についてしまうのか？ 密教の「不可思議な世界」を堪能する本！ 「呪術・愛欲の力」さえ飲み込む驚異の神秘体系をわかりやすく解説！

知らずにかけられた呪いの解き方

エスパー・小林

土地、因縁、血脈……身近にある「魔」を、あなどる勿《なか》れ！ 「邪」をはね返し、運気を盛んにする方法を伝授！ ◎「魔」を呼び寄せる空間がある ◎心霊写真ー「本当にヤバい霊」の場合 ◎私が女性に真珠、ダイヤをすすめる理由……この本は、「読むお守り」になる！

K30652